MERIAN aktiv

Pfälzerwald

& Nordvogesen

Anja Bech

Erläuterung der Symbole

- Restaurant
- Museum
- Wandern, Spazieren
- Radeln
- Zoo, Tierpark, Reiten
- Besichtigung
- Theater, Veranstaltung
- Wasseraktivitäten
- Tipps für Kids
- Sport & Fitness
- Freizeit-/Activitypark
- Shopping
- für Regentage

Inhalt

Inhalt

Seite

Pfälzerwald & Nordvogesen stellen sich vor

von links nach rechts:

Rebland an der Deutschen Weinstraße ▸ S. 48

Mandelblüte in Neustadt-Gimmeldingen ▸ S. 72

Elwedritschebrunnen in Neustadt ▸ S. 72

Sonnenaufgang über Edenkoben ▸ S. 78

Viel Wald, viel Ehr

Was wäre die Pfalz ohne den Wein? Keine Frage: ganz schön viel! Die dünn besiedelte Westpfalz ist weniger bekannt als die Region an der Deutschen Weinstraße, bietet dem Besucher aber ein abwechslungsreiches Freizeitangebot: Klettern, Reiten, Wandern, Nordic Walking, Rad fahren, Geocaching, Mountainbiken, Draisinentouren, Rodeln, Eislaufen oder Baden – Besucher haben die Qual der Wahl. Der Pfälzerwald, der zusammen mit dem Naturpark Nordvogesen das größte zusammenhängende Waldgebiet Westeuropas bildet, ist ein grenzenübergreifendes Paradies für Entdecker, Naturfreunde und Aktive! Nach Osten reichen die Laub- und Mischwälder über die Haardt bis ins Weinland, im Süden bis ins Elsass und nach Lothringen. Im Norden schließt sich das Nordpfälzer Bergland an und im Westen die Ebenen des Saar- und Mosellands. Wer's ruhig mag, kann hier weitab von der Hektik des Alltags ein paar erholsame Tage verbringen, ohne dabei »weg vom Schuss« zu sein.

Naturschätze und Kulturdenkmale

Dass es viel zu entdecken gibt, dafür haben Steinzeitmenschen, Kelten, Römer und Adelsherren des Mittelalters gesorgt. Römische Legionäre bauten Handelsstraßen und Siedlungen, deren Überbleibsel man in Bliesbruck-Reinheim, Homburg-Schwarzenacker oder Wachen-

Mit einer Ausdehnung von über 177 000 Hektar ist der Pfälzerwald das größte zusammenhängende Waldgebiet Deutschlands.

heim besichtigen kann. Sie importierten auch Esskastanien und Weinreben, die bis heute an den sonnigen Hanglagen der Haardt gedeihen und das Gebiet um die Deutsche Weinstraße prägen. Burgen, Festungen und Stadtmauern sowie viele Kirchen und Klöster zeugen davon, dass das Gebiet im Mittelalter ein kulturelles, politisches und religiöses Zentrum bildete, das heiß begehrt und umkämpft war. Heute sind die Ruinen mittelalterlicher Bauwerke beliebte Zielpunkte von Wanderern oder Bikern, vor allem weil die einstigen Flucht-, Trutz-, Verteidigungs- oder Wohnburgen an wunderbaren Aussichtspunkten auf Buntsandsteinfelsen thronen. Belohnung für den Aufstieg: ein atemberaubender Panoramablick und bewaldete Hügel, so weit das Auge reicht!

Biosphärenreservat von Weltrang

Die deutsch-französische Grenze war zwar schon immer grün, wurde jedoch bis ins 20. Jahrhundert hart umkämpft. Das dokumentieren die Festungs- und Bunkeranlagen auf beiden Seiten der Grenze. Laub-, Nadel- und Mischwälder erstrecken sich über 74 Prozent des des etwa 300 000 Hektar umfassenden Gebiets. Da überrascht es nicht, dass der Naturpark Pfälzerwald zusammen mit dem »Parc régional naturel des Vosges du Nord« von der UNESCO als Biosphärenreservat

Am Haardtrand trifft der Pfälzerwald auf die Rebflächen der Deutschen Weinstraße.

klassifiziert wurde. Ursprüngliche Landschaften bieten europaweit gefährdeten Tier- und Pflanzenarten einen geeigneten Lebensraum; in sumpfigen Talauen konnte sich eine Flora und Fauna halten, die an Vielfalt kaum zu übertreffen ist. So wurden allein im Moosbachtal bei Dahn und im Torfmoos am Hanauer Weiher viele seltene Amphibien, Schmetterlings- und Libellenarten nachgewiesen. In Wäldern konnte ein gesunder Wildbestand überleben, zu dem seltene Arten wie Wanderfalke, Uhu und Wildkatze zählen. Sogar Luchse, während der 80er-Jahre in den Nordvogesen wiederangesiedelt, kehrten in die Pfalz zurück. Die Behauptung, dass sich im Pfälzerwald Fuchs und Hase Gute Nacht sagen, kann man wörtlich nehmen – häufig begegnet man kleinen, aber auch großen Tieren wie Reh und Wildschwein am Straßenrand. Autofahrer sollten vor allem in der Dämmerung vorsichtig unterwegs sein. In den Wildparks kann man den Tieren gefahrlos näher kommen.

Im Sommer geht's – na, wohin sonst? – in den Wald, zu Burgruinen oder zu den viel gerühmten Buntsandsteinfelsen, die oft über die Baumwipfel hinausragen und der Landschaft ihre spezifische Form geben. Wasserratten haben die freie Wahl zwischen Badeseen und Waldweihern, meistens mit großzügigen Liegewiesen und Bewirtung. Einkehrmöglichkeiten bieten Wanderheime und Hütten, von denen allein der Pfälzerwaldverein (PWV) über hundert betreibt. In ihnen werden die Gemütlichkeit und Gastlichkeit der Pfälzer, Lothringer und Elsässer erfahr- und erlebbar; deftige Hausmannskost gibt es zu kostengünstigen Preisen. In den Ortschaften bitten Gasthöfe, Restaurants und Hotels zu Tisch, in deren Küche regionale Produkte an erster Stelle stehen. Längst gibt es genauso viele pfälzische Varianten des elsässischen Flammkuchens wie französische Interpretationen des Pfälzer Saumagens – die Gastronomie ist geprägt vom gegenseitigen Einfluss.

Ein Paradies für Naturfreunde

Für das Vergnügen von Kindern und Jugendlichen sorgen Sehenswürdigkeiten in der deutsch-französischen Region, die sich mit besonderem Pep und Pfiff präsentieren: In- und Outdoor-Spielplätze, Abenteuerparks, Wildgehege, Greifvogel- und Wolfshows, Reiterhöfe, Science-Center oder Schokowelt. Hervorragend gestaltete und pädagogisch aufbereitete Museen garantieren, dass der Ausflug nach Frankreich zur Erlebnistour wird! In der Rätselburg Fleckenstein bei Lembach, der Glasbläserei in Meisenthal oder der Eschviller Mühle kann man Ritter spielen, Glas blasen, Mehl mahlen oder Brioche backen. Die Attraktionen in Lothringen und im Elsass sind komplett zweisprachig gestaltet. Außerordentlich spannend für Jung und Alt sind die multimedialen Erlebnisrundgänge in der Bitscher Zitadelle oder im Festungswerk Simserhof der Maginotlinie.

Wer auf der Suche nach Adrenalinschüben oder Höhenerlebnissen ist, wird im Pfälzerwald mit Sicherheit fündig. Deutschlands erster Baumwipfelpfad lädt in Fischbach bei Dahn zum Spaziergang in 18–35 m Höhe ein, in Kandel stellt ein Kletterpark Wagemut und Muskeln auf die Probe und im Indoor-Kletterzentrum in Zweibrücken kann man auch über Winter in Übung bleiben. In der Rheinebene lädt der beliebte Holidaypark mit seinen spektakulären Fahrgeschäften und Shows zu Spaß und Unterhaltung ein; im Didiland bei Haguenau fühlen sich die ganz Kleinen sehr wohl.

Übrigens: Weder im Pfälzerwald noch in den Nordvogesen muss man auf Wein verzichten. Westlich der Vorderpfalz werden die edlen Weine zwar nicht angebaut, aber mit Genuss und Leidenschaft getrunken. Und nicht nur die deutschen Varianten, sondern gerne auch mal ein elsässischer Gewürztraminer oder Crémant. Beim gemütlichen Zusammensein oder beim kulinarischen Ausklang nach einem interessanten Kultur-, Sport- oder Aktivprogramm, heißt es auch hier: »Zum Wohl, die Pfalz!«

Uhu-Nachwuchs im Biosphärenreservat Pfälzerwald-Nordvogesen.

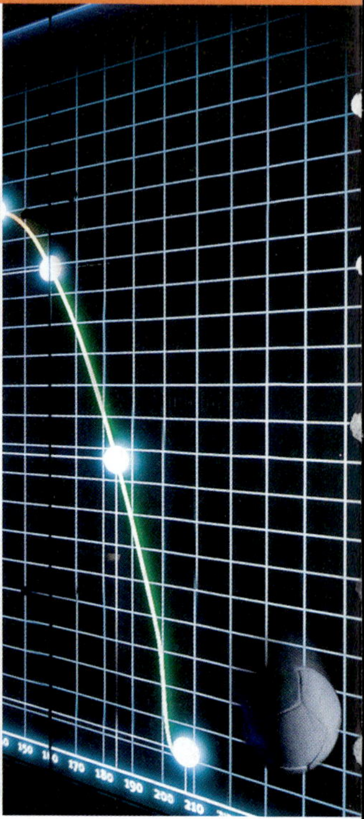

77 Ausflüge für Freizeit und Kultur: Pfälzerwald & Nordvogesen

von links nach rechts:

Burgruine Altdahn bei Dahn ▸ S. 95
Angeln im Bitscherland ▸ S. 39
Dynamikum in Pirmasens ▸ S. 14
Wandern im Pfälzerwald ▸ S. 17

Mitmachmuseum für Experimentierfreudige

Naturwissenschaften und Industriegeschichte hautnah erleben – für das erste rheinland-pfälzische Science-Center interessieren sich nicht nur Lehrer und ihre Schulklassen. Im »Dynamikum« fühlen sich Tüftler und Naseweise aller Altersgruppen wohl. Die riesigen Ausstellungshallen in der ehemaligen Pirmasenser Schuhfabrik Rheinberger, in denen früher Hunderte von Arbeiterinnen an ebenso vielen Nähmaschinen Schuhe herstellten, beherbergen heute rund 160 interaktive Experimentierstationen, Exponate und Versuchsanordnungen aus Forschung und Technik. Hier können die Besucher Physik, Chemie, Biologie und Geschichte erleben und begreifen. Von der Bewegung zur Erkenntnis – so heißt das Motto nicht zu Unrecht, denn überall kann man etwas anfassen, ausprobieren, entdecken und erforschen. Warum

Hier erfährt man, warum man auf Kurzstrecken schneller ist als ein Elefant.

KARTE ▸ C4

Was: Dynamikum, Strecktalpark
Wo: Im Rheinberger, Fröhnstraße 8, 66953 Pirmasens, Tel. 0 63 31/23 94 30
Wann: ganzjährig, Dynamikum: Mo–Fr 9–18 Uhr, Sa/So/Feiertag 10–18 Uhr
Wie viel: 8,50 €, Kinder (6–18 J.) 7 €
Essen & Trinken: Hotel-Restaurant Kunz, Bottenbacher Str. 74, Pirmasens-Winzeln, Tel. 0 63 31/87 50
Web: www.dynamikum.de, www.pirmasens.de, www.hotel-kunz.de
Sonstiges: Im Stadtzentrum von Pirmasens gibt es weitere Sehenswürdigkeiten, z. B. die ehemalige

Im Science-Center ist Berühren nicht nur erlaubt, sondern sogar erwünscht!

renne ich über eine kurze Strecke schneller als ein Elefant, auch wenn dessen Spitzengeschwindigkeit weit über meiner liegt? Welche Kugel läuft schneller, die auf der geraden oder die auf der gebogenen Rutsche? Wie kann man auf Luftschuhen mit eigener Kraft abheben? Wie ohne Hilfsmittel eine Brücke bauen? Warum macht Tanzen glücklich? Im Mitmachmuseum erfährt man geradezu nebenbei Interessantes über die Pirmasenser Stadt- und Industriegeschichte sowie über berühmte Bürger wie den Dadaisten Hugo Ball, den Biedermeier-Maler Heinrich Bürkel oder über Adi Dassler, den Gründer von Adidas. Auf dem Außengelände stehen weitere Ausprobier- und Experimentierstationen. Von hier gelangt man in den benachbarten, in der Talsenke liegenden Bürgerpark Strecktal, der sich zum Flanieren, Rad fahren, Beachvolleyball spielen, Inlineskaten und Ausruhen anbietet. Kinder lieben den Spielplatz und Fußmüde können in der Kneipp-Anlage erneut in Trab kommen. Wen der Dynamikum-Besuch neugierig gemacht hat, Schuhe »made in Pirmasens« zu kaufen, der wird spätestens in den Factory-Shops von Peter Kaiser, Semler und Kennel & Schmenger fündig.

Schuhfabrik »Neuffer am Park« mit einem netten Café, den Exerzierplatz und die Fußgängerzone mit dem alten Rathaus, in dem sich ein Scherenschnittkabinett, Heimat- und Schuhmuseum sowie die Heinrich-Bürkel-Galerie befinden. (Eintritt 1 €, Kinder unter 6 J. frei; Di/Mi/Do/Sa 10–13 u. 14–17 Uhr, Fr 14–17 Uhr, So 10–13 Uhr, Tel. 0 63 31/84 22 99). Info-Material hält die Tourist-Info im Erdgeschoss des Rheinberger-Komplexes bereit (Fröhnstraße 8, 66953 Pirmasens, Tel. 0 63 31/2 39 43 21).

Die Schokoladenseite der Pfalz

Ob zartschmelzend, knackig, sahnig-frisch, zart-herb, marmoriert oder bittersüß – Schokolade macht glücklich! So auch ein Besuch in der Wawi-Schokowelt in Pirmasens. Vor den Augen der Besucher fertigen die Mitarbeiter je nach Jahreszeit Osterhasen und Schokoeier, Nikoläuse und Adventskalender oder saisonunabhängige Kakaospezialitäten. Sie gießen, formen und verzieren ihre Kunstwerke aus dunkler, schokobrauner oder milchig-weißer Schokolade. Bei einem Rundgang durch die »gläserne Produktion« lernt man viel über den Baustoff des Schlaraffenlandes und den Umgang mit der Kakaomasse. Ein kleines Schokoladenmuseum informiert über die Herkunft der Kakaobohne, die richtigen Zutaten für Schokoträume, die verschiedenen Mischungsverhältnisse und die Vielfalt der Endprodukte. Wem nach so viel Augenschmaus das Wasser im Mund zusammenläuft, der kann sich im Shop mit süßen Tafeln, Pralinen, Schokofiguren und Puffreisspezialitäten eindecken – alles zu günstigen Preisen, direkt ab Fabrik. Wawi produziert an vielen Standorten auf der ganzen Welt, doch nur in Pirmasens kann man bei der Herstellung der zartschmelzenden Köstlichkeiten zuschauen. Für einen Rundgang durch die gläserne Produktion sollte man etwa 90 Minuten einplanen.

KARTE ▶ C4

Was: Wawi-Schokowelt
Wo: Pirmasens, Unterer Sommerwaldweg 19–20
Wann: ganzjährig, Mo–Fr 8–18 Uhr, Sa 9–13 Uhr, Tel. 0 63 31/23 99 90
Wie viel: Eintritt frei
Essen & Trinken: Rösterei-Kaffeehaus »Die Kaffeemühle«, Banana-Building, Delaware-Avenue 14, Pirmasens-Husterhöhe, Tel. 0 63 31/14 27 70
Web: www.wawi.com, www.pirmasens.de, www.die-kaffeemuehle.de
Sonstiges: Tourist-Info im Rheinberger-Komplex, Fröhnstraße 8, Pirmasens, Tel. 0 63 31/2 39 43 21

Die beliebtesten Ausflugsziele der »Bärmesenser« …

… liegen – na, wo sonst? – im Wald, unweit der Stadt. Wandern, Radeln, Nordic Walking oder Joggen – das Forsthaus Beckenhof ist auf viele Arten zu erreichen. Und das nicht nur von Pirmasens, sondern aus der gesamten Umgebung. Dank seiner Lage im geschützten Tal, umgeben von Wäldern, ist der Beckenhof zu jeder Jahreszeit gut besucht. Besonders an sonnigen Tagen füllt sich der Biergarten schnell. Kinder turnen auf dem Spielplatz herum oder spielen Schnitzeljagd im Wald; ab und zu gibt's auch Livemusik. Eine schöne Rundwanderung startet im Stadtteil Ruhbank an der »Platte«, einem oberhalb vom Beckenhof gelegenen Wanderparkplatz mit Busanschluss. Auf Rundweg Nr. 3 geht es in den Wald. Dann biegt man links ab und folgt den runden Schildchen von Weg Nr. 1, der zum Felsentor führt, und weiter auf dem rotgelb markierten Pfad zum Beckenhof. Nun wandert man über etwa 1,5 km Länge auf einem breiten, eben verlaufenden Forstweg zur Pfälzerwaldverein-Hütte Starkenbrunnen. Sie liegt idyllisch auf einer Lichtung, hat eine gemütliche Gaststube und eine schöne Außenanlage mit Spielplatz. Dienstagabends finden hier zünftige Hüttenabende mit Musik und Gesang statt. Wer Pfälzer Gemütlichkeit und Heimatverbundenheit erleben will, ist am richtigen Ort. Der Markierung mit dem grünen Kreuz und dem Jakobswegzeichen folgend, kehrt man über den Kanzelfelsen zurück zur Ruhbank, wo man der Beckenhofstraße nach rechts etwa 500 m weit zurück zum Parkplatz folgt.

Die Pirmasenser – auf Pfälzisch »Bärmesenser« – zieht es zu jeder Jahreszeit in den Pfälzerwald.

KARTE ▶ C4

Was: Wanderung von der »Platte« durchs Felsentor zum Forsthaus Beckenhof, zur PWV-Hütte Starkenbrunnen und über die »Kanzel« zurück
Wo: Pirmasens-Ruhbank, Wanderparkplatz bzw. Bushaltestelle »Platte«
Wann: ganzjährig
Wie lange: 3 Std., ca. 7 km
Essen & Trinken: Forsthaus Beckenhof: tgl. ab 10 Uhr, Tel. 0 63 31/4 72 39; Waldhaus Starkenbrunnen: Di/Sa ab 9.30 Uhr, So/Feiertag ab 8.30 Uhr, Tel. 0 63 31/4 65 97
Web: www.pfaelzerwald.de, www.beckenhof.de, www.pwv.de

Musik im historischen Ambiente

Zu grenzenlosem Musikgenuss und außergewöhnlichen Klangerlebnissen lädt das »Festival Euroklassik« ein, das alljährlich von September bis November im Dreiländereck zwischen Pfalz, Saarland und Lothringen ausgetragen wird. In Festhallen, Klosterkirchen, Pfarrkirchen oder Kulturzentren werden im Pirminius- und Bitscherland im Dreieck zwischen Pirmasens, Zweibrücken und Niederbronn Konzerte unterschiedlichster Art gegeben, darunter auch Chor- oder A-cappella-Gesang, Gospel, Jazz und Folk. Nicht nur tolle Auftritte vielversprechender Nachwuchskünstler, sondern auch spannende Veranstaltungsorte wie die Klosterkirche in Hornbach, die Kirche Sainte-Catherine in Bitche oder das Wallfahrtskloster in Blieskastel gilt es zu entdecken, weshalb dieses Festival als wirklicher Geheimtipp gilt.

Ein Musikerlebnis der besonderen Art bieten die »Trifels-Serenaden« im Kaisersaal der Reichsburg Trifels bei Annweiler. In den historischen Mauern der Stauferburg spielen Ensembles, Solisten und Kammermusiker auf, manchmal unterstützt von Gesang. Das Repertoire reicht vom Mittelalter bis in die Neuzeit. Unabhängig von der jeweils angebotenen Musikrichtung lohnt der steile und teils beschwerliche Aufstieg auf die Burg nicht zuletzt wegen der abendlichen Stimmung, die vor und nach den Veranstaltungen sowie während der Pausen auf dem Bergfried herrscht.

Festival Euroklassik: Musik zwischen Tradition und Moderne.

KARTE ▶ C4

Was: Musik in Burgen und Schlössern, Open-Air-Festivals, Klassik, Gospel, Jazz, Folk etc.
Wo: Festival Euroklassik: an etwa sechs deutschen und acht französischen Spielorten in der Grenzregion Südpfalz-Lothringen; Villa-Musica-Konzerte: Reichsburg Trifels in Annweiler, Schloss Villa Ludwigshöhe bei Edenkoben, Hambacher Schloss bei Neustadt, Herzogliches Schloss in Zweibrücken, Haus des Bürgers in Ramstein-Miesenbach, Villa Denis in Frankenstein-Diemersheim, Jugendstil-Festhalle in Landau u. a.

Die schönsten Burgen, Schlösser, Kirchen und Villen öffnen ihre Tore für die Konzerte der »Villa Musica« – darunter auch die Reichsburg Trifels für stimmungsvolle Serenaden.

Veranstaltet werden die Serenaden auf dem Trifels von der Stiftung »Villa Musica«. Die rheinland-pfälzische Landesstiftung hat sich unter Beteiligung des SWR die Förderung hochbegabter Nachwuchsmusiker zum Ziel gesetzt. Sie veranstaltet nicht nur Konzerte auf dem Trifels, sondern auch Auftritte herausragender Künstler und Ensembles an weiteren wunderschönen Orten im Pfälzerwald. So finden regelmäßig Musikveranstaltungen im großen Spiegelsaal der Villa Ludwigshöhe und im Hambacher Schloss statt, wo die Musik im passenden Ambiente besonders gut zur Entfaltung kommt. Im Gegensatz zu den Trifels-Serenaden finden die Villa-Musica-Konzerte nicht nur im Sommer, sondern auch in der kälteren Jahreszeit statt. Zu den Spielstätten zählen auch das Herzogliche Schloss in Zweibrücken, das Haus des Bürgers in Ramstein-Miesenbach, die Villa Denis in Frankenstein-Diemersheim und die Jugendstil-Festhalle in Landau. Informationen über das Programm und die Spielorte der jährlich rund 120 Konzerte erhält man im Internet.

Wie viel: unterschiedliche Eintrittspreise, je nach Ort und Art der Veranstaltung; Infos fürs Festival Euroklassik erteilt das Kultur- und Verkehrsamt Zweibrücken, Herzogstr. 1, 66482 Zweibrücken, Tel. 0 63 32/87 14 51 und 87 14 71; Infos zu Villa-Musica-Konzerten im Internet
Wann: Festival Euroklassik: Sept.–Okt.; Villa-Musica-Konzerte: ganzjährig, auf dem Trifels nur im Sommer
Essen & Trinken: Gastronomie in der Umgebung der Veranstaltungsorte
Web: www.festival-euroklassik.de, www.villamusica.de

Badevergnügen das ganze Jahr über

Schwimm- und Planschbecken, Thermal-, Bewegungs- und Außenbecken, Whirlpools, Massagedüsen, Wasserkanonen, Riesenwasserrutschen, Wasserspiele, Strömungszonen und Wellenbäder – Badenixen und Wassermänner können sich in der Region Pfälzerwald nach Lust und Laune austoben. Während die Badekultur in Lothringen und im Elsass eher weniger ausgeprägt ist, betreibt so gut wie jede Stadt und Gemeinde der Westpfalz ein Frei- und/oder Hallenbad. Im Sommer, wenn die Freibadsaison auf Hochbetrieb läuft, ist die Auswahl an Bademöglichkeiten vielfältig. Besonders schöne Freibäder finden sich in Annweiler, Hauenstein, Heltersberg, Contwig und Zweibrücken. Erwähnenswert ist das mit Bachwasser gespeiste Becken des Schwimmbads Biebermühle, das sich trotz seines sehr kalten Wassers großer Beliebtheit erfreut. Die Erlebnisbäder »Plub« in Pirmasens, »La Ola« in Landau und »Monte Mare« in Kaiserslautern, die Frei- und Hallenbäder in Bad Dürkheim, Neustadt, Zweibrücken und Landstuhl sowie das Felsland-Badeparadies in Dahn haben ein kombiniertes Hallen- und Freibad, jeweils mit großen Liegewiesen und beheiztem, ganzjährig nutzbarem Außenbecken. Sie eignen sich auch bei instabiler Wetterlage zum Baden. Im Winter laden die großen Hallenbadanlagen in Pirmasens, Landau, Kaiserslautern, Zweibrücken und Dahn sowie die Südpfalztherme in Bad Bergzabern zum Badevergnügen ein. Sie werden auch gerne von den französischen Nachbarn frequentiert. Die zeigen sich meistens auch von den Saunalandschaften begeistert – eine solche Freikörper- und Schwitzkultur ist in der Grande Nation völlig unbekannt. Seien Sie also nachsichtig, wenn ein französischer Gast die Sauna versehentlich zunächst in Badekleidung betritt ... Das Angebot ist sehr vielfältig: Saunen mit und ohne Aufguss in verschiedenen Hitzestufen, römisches Dampfbad, Aromabad, Sanarium, Tauchbecken, Eisbrunnen, Fußbäder, Ruheräume, Erlebnisduschen. Besonders empfehlenswert sind die Saunawelten der Hallenbäder in Dahn, Bad Bergzabern, Pirmasens, Kaiserslautern und Landau.

Wunderschöne Waldseen und Weiher wie der Clausensee bei Leimen, Rohrwoog bei Hinterweidenthal, Gelterswoog bei Kaiserslautern,

KARTE ▶ C4

Was: Frei- und Hallenbäder, Saunalandschaften sowie Badeseen im Pfälzerwald
Wo: Erlebnisbäder: »Plub« in Pirmasens, »La Ola« in Landau, »Monte Mare« in Kaiserslautern; Freibäder: Annweiler, Hauenstein, Heltersberg, Contwig, Zweibrücken, Biebermühle; Frei- und Hallenbäder: Bad Dürkheim, Neustadt/Weinstraße, Zweibrücken, Landstuhl, Dahn; Hallenbäder: Pirmasens, Landau, Kaiserslautern, Zweibrücken, Dahn, Bad Bergzabern; Sauna: Dahn, Bad Bergzabern, Pirmasens, Kaiserslautern, Landau; Badeseen: Clausensee bei Leimen, Rohr-

Saarbacher Hammer und Schöntalweiher bei Ludwigswinkel, Seehof bei Erlenbach sowie die in Lothringen liegenden Gewässer Haspelschieder Weiher, Hanauer Weiher oder Baerenthaler Weiher runden das Angebot im Sommer ab. Die Wasserqualität dieser Seen ist trotz der häufig vorkommenden leicht bräunlichen Färbung sehr gut. Liegewiesen laden zum Sonnenbaden und Entspannen ein; oft sorgt auch eine Imbissbude oder kleine Gaststätte für das leibliche Wohl. An allen Seen auf der französischen Seite befinden sich Campingplätze.

Auf der Riesenrutsche geht's ins erfrischende Nass.

woog bei Hinterweidenthal, Gelterswoog bei Kaiserslautern, Saarbacher Hammer u. Schöntalweiher bei Ludwigswinkel, Seehof bei Erlenbach; Haspelschieder Weiher, Hanauer Weiher u. Baerenthaler Weiher
Wann & wie viel: Infos s. Web
Essen & Trinken: Gastronomie vor Ort
Web: www.suedpfalz-therme.de, www.la-ola.de, www.freibad-ld.de, www.wasgaufreibad.de, www.plub.de, www.felsland-badeparadies.de, www.heltersberg.de, www.campingclausensee.de, www.stadtwerke-zw.de, www.ot-philippsbourg.fr

Wo der heilige Pirminius wirkte

»Ora et labora – bete und arbeite.« Getreu dem benediktinischen Gedanken kommen seit über 1200 Jahren Menschen ins Kloster Hornbach. Der Benediktinermönch Pirminius gründete es um 742 in einer Talsenke des Bliesgaus; in den folgenden Jahrhunderten sollte die Abtei zu einem der wichtigsten geistigen und kulturellen Zentren des Mittelalters werden. Am Kloster Hornbach treffen die Nordroute und die Südroute des Pfälzer Jakobswegs aufeinander. Die beiden Pilgerstraßen führen von Speyer durch die Pfalz nach Hornbach und von dort weiter in Richtung Straßburg oder Metz. Unzählige Pilger kehrten im Lauf der Geschichte auf ihrer Reise nach Santiago de Compostela in der Klosteranlage Hornbach ein und brachten wirtschaftlichen Aufschwung und Wohlstand in die Gegend: Höfe und Dörfer entstanden, 1352 verlieh Kaiser Karl IV. Hornbach das Stadtrecht. Das Benediktinerkloster selbst war eine Stätte der Begegnung, der Rast und des Austausches, bis es 1558 in Folge der Reformation durch Herzog Wolfgang von Pfalz-Zweibrücken aufgelöst wurde. Heute wirkt die kleine Stadt Hornbach ruhig und dörflich. Eingebettet in herrliche Felder, Wiesen und Wälder ist sie ein Ort, an dem man verweilen, Kraft tanken, sich regenerieren oder sportlich aktiv werden kann. Diesem Konzept hat sich auch das Hotel verschrieben, das im Jahr 2000 in die Klostermauern eingezogen ist. In architektonisch sehr gelungener Weise wurden die historischen Überreste, darunter der Turm der ehemaligen Basilika, Kreuzgangbögen, Gewölbe und weitere Relikte der Vergangenheit, mit großem Respekt vor dem Werk früherer Generationen in die modernen Strukturen integriert. Alte und neue Bauelemente fügen sich harmonisch zusammen. Das Resultat: ein wunderschönes Bou-

Hier traut man sich: In der Abtskapelle des ehemaligen Klosters Hornbach befindet sich heute eine Außenstelle des Standesamtes Zweibrücken-Land. Im Klosterbezirk werden nach Rücksprache mit den zuständigen Pfarrämtern auch katholische, evangelische und ökumenische Trauungen sowie Taufen durchgeführt.

KARTE ▶ B4

Was: Kloster, Museum, Stadtrundgang, Pirminiusgrab
Wo: Hornbach
Wann: ganzjährig; Historama: Di–So, Öffnungszeiten im Internet oder unter Tel. 0 63 38/80 91 53; Pirminiusgrab: Eintritt frei
Wie viel: Historama: 3,50 €, ermäßigt 2,50 €, Familienkarte 8 €, Führungen ab 2,50 €
Essen & Trinken: Hotel Kloster Hornbach, Im Klosterbezirk, 66500 Hornbach, Tel. 0 63 38/91 01 00
Web: www.klosterstadt-hornbach.de, www.suedwestpfalz-touristik.de, www.kloster-hornbach.de

Grenzen«

sche Luft, Käse
? Kein Problem!
ischen Südwest-
en kann man auf
ewässerlehrpfad
zen« gemütlich
örtchen Walsch-
r spazieren und
ühlen sowie eine
landschaft ent-
startet in Eppen-
k. Von hier folgt
rten Radweg in
Mühle. Der breite
ächst am Eppen-
lang, der an der
e Trualb mündet.
hen zweisprachi-
feln mit Wissens-

wertem über Wiese, Wald und Sumpfland sowie ihre tierischen und pflanzlichen Bewohner, darüber hinaus gibt es eine Fischtreppe und ein Insektenhotel zu bestaunen. Man passiert die Schweixer und Hilster Mühle, wovon Letztere noch in Betrieb ist, und wenig später den Roten Felsen mit seinen Überhängen. Kurz hinter der Abzweigung nach Kröppen ist die Grenze zu Frankreich erreicht, von wo der nunmehr asphaltierte Weg weiter nach Walschbronn führt. Über den spitzgiebeligen Dächern des Ortskerns stehen am Hang die Reste einer mittelalterlichen Burganlage. Von hier hat man einen schönen Blick über die Ortschaft, in der sich auch viele deutsche Familien niedergelassen haben. Wer den grünen Schildern mit der Aufschrift »La Ferme« folgt, erreicht eine Hofkäserei, die köstliche Kuhmilchrohkäse nach alter handwerklicher Tradition herstellt und verkauft.

Grenzgänger: schottische Hochlandrinder.

ässer-
sflug
alsch-

me et
a Tui-

lerie 31, Walschbronn, Mo–Do 8.30–12 Uhr, Fr bis 18 Uhr, Tel. 00 33/(0)3 87 96 52 70; Auberge du Château, Rue Principale 115, Walschbronn, Do–Mo, Tel. 00 33/(0)3 87 96 52 43; Hotel-Restaurant Kupper mit Biergarten, Eppenbrunn, Do–Di, Tel. 0 63 35/91 30
Web: www.fromagerie-lalignebleue.net, www.auberge-chateau.fr, www.hotelkupper.de

Kloster Hornbach ist Startpunkt der französischen Jakobswege, die über Metz und Straßburg nach Santiago de Compostela führen.

tiquehotel mit viel Charme und Stil. Allein um dieses Werk zu bewundern und die Mystik des Ortes zu spüren, lohnt sich ein Besuch – und sei es nur für ein Klosterbier in der Schänke oder einen Rundgang durch den liebevoll gepflegten Kräutergarten. Etwas Zeit nehmen sollte man sich für den Besuch des Museums Historama, dessen Eingang sich gleich neben dem Haupteingang des Hotels befindet. Die Ausstellung informiert anhand von Funden und mittels moderner audiovisueller Technik über die Entwicklung der Benediktinerabtei von ihrem Ursprung über Aufbau und Blüte bis zur Aufhebung und dem anschließenden Verfall sowie über die Stadtgeschichte Hornbachs. Oberhalb des Hotelgartens erinnert eine Gedächtnisstätte an den Ort, an dem der 753 verstorbene Klostergründer Pirminius begraben wurde. Die Reliquien des Heiligen, der als Patron der Pfalz verehrt wird, wurden mit der Aufhebung des Klosters während der Reformation 1575 zunächst nach Speyer, 1588 dann nach Innsbruck überführt. Anlässlich der Wiederentdeckung des Grabes des heiligen Pirminius im Jahre 1953 gelangte ein Reliquiar zurück nach Hornbach; es befindet sich in der katholischen Kirche St. Pirminius. Weitere Reliquien des Heiligen werden in Innsbruck, Speyer und Pirmasens aufbewahrt. Durch Hornbach führen neben den Jakobswegen auch mehrere Südwestpfalz-Radwanderwege; eine besonders schöne und gemütliche Tour führt am Lauf des Hornbachs entlang nach Zweibrücken, eine andere über die grüne Grenze nach Lothringen zur Eschviller Mühle und weiter nach Volmunster (→ Tipp 10/S. 28–29). Wanderer und Reiter finden ebenfalls vielfältige Freizeitmöglichkeiten vor.

Geschichte und Geschichten im Land der Burgen

Von der um 1200 erbauten Burg Lemberg blieben neben einigen Grundmauern auch Reste des Bergfrieds übrig, ein beeindruckender Brunnenstollen, Felskammern – und natürlich die tolle Aussicht über den Wasgau mit seinen dicht bewaldeten Hügeln. Einst ließen die Grafen von Zweibrücken sie als Grenzburg errichten, heute informiert ein kostenlos zugängliches Burgeninformationszentrum nicht nur über die Vielzahl der Burgen in der Region, sondern auch über mittelalterliche Angriffs- und Verteidigungsmethoden und nicht zuletzt über das Leben von Rittern, Burgfräulein, Handwerkern und Bauern. Im Wald hinter der Burgruine verbergen sich Sandsteintürme, Felsenwände, Durchbrüche, kleine Höhlen und weitere Aussichtspunkte. Ein schöner Rundwanderweg führt dem roten Dreieck folgend am Hummelberg entlang zur Ruine Ruppertstein. Vom Mauerwerk der ehemaligen Vorburg der Burg Lemberg blieben so gut wie keine Spuren. Die 1689 gesprengten Mauern dienten den Bewohnern der umliegenden Ortschaften als Steinbruch; in manchem Haus der Umgebung wurden »Ruppertsteine« verbaut. Den Felsen, auf dem Burg Ruppertstein einst stand, erreicht man über Treppenstufen, die in einen natürlichen Felsschacht geschlagen wurden. Von dem mit Bäumen bewachsenen Plateau blickt man über den Wasgau auf die Orte Ruppertsweiler, Münchweiler bis hin zum Stadtrand von Pirmasens. Weiter folgen wir dem grünen Dreieck bis zum Aussichtspunkt »Maiblumenfels«, von dem aus man das Salzbachtal überblickt. Dem gelben Punkt folgend, führt ein breiter, recht eben verlaufender Waldweg zurück zum Parkplatz. Empfehlenswert ist der kurze Abstecher zum Rabenfelsen, der einen schönen Blick auf die Ruine Lemberg bietet.

> Ein bisschen unheimlich, auf jeden Fall aber spannend sind Führungen im engen, dunklen, 130 Meter langen Brunnenstollen von Burg Lemberg, an dessen Ende man den 95 Meter tiefen Brunnenschacht hinaufblicken kann.

KARTE ▶ C4

Was: Burg Lemberg mit Burgeninformationszentrum BIZ, Ruppertstein
Wo: Lemberg/Pfalz
Wann: BIZ Mi–Sa 11–19 Uhr, So 10–19 Uhr; Brunnenstollen: Mai–Nov. Sa 14–17 Uhr; Wanderung ganzjährig; Zugang zum Ruppertstein Feb.–Juni (Brutzeit der Wanderfalken) geschl.
Wie viel: Eintritt frei
Wie lange: 14 km, ca. 4 Std.
Essen & Trinken: Burgschänke Lemberg, Mi–So 10–19 Uhr, Tel. 0 63 31/69 83 90
Web: www.burg-lemberg.de, www.burgschaenke-lemberg.de
Sonstiges: Tourist-Info Tel. 0 63 31/87 21 35

»Bach ohne

Lust auf franzö
oder Flammkuch
Im Grenzgebiet z
pfalz und Lothrir
dem Natur- und
»Bach ohne Gr
ins kleine Grer
bronn radeln o
unterwegs urige
ursprüngliche
decken. Die Tou
brunn am Kurp
man dem mar
Richtung Hilste
Waldweg führt z
brunner Bach e
Trulbermühle ir
An der Strecke
ge Information

KARTE ▶ B

Was: Natur- und
lehrpfad und Ra
Wo: Eppenbrun
bronn
Wie lang: ca. 6
Essen & Trinken
Fromagerie, Rue

Die Pfalz zu Pferd

Wanderreitstationen überziehen die gesamte Ferienregion.

Ross und Reiter – sie gehören im Pfälzerwald zum Alltagsbild. Zahlreiche Reiterhöfe bieten Kurse, Reiterferien oder Ausritte an. Nicht nur bei den Reitschulen, auch bei den Pferderassen gibt es eine große Auswahl: Zweibrücker oder Araber, Trakehner oder Quarterhorse, Fjordpferd oder Isländer. Eine besonders schöne und bei Urlaubern sehr beliebte Form von Aktivferien stellen Wanderritte dar. Über dreißig qualifizierte Stationen stellen Übernachtungsmöglichkeiten zur Verfügung, in denen die Reiter verköstigt und die Pferde artgerecht versorgt werden. Detaillierte Karten mit Reitwegen, Routen, Wasserstellen und Sehenswürdigkeiten am Wegesrand werden ebenso wie ein Gepäckservice gegen Gebühr zur Verfügung gestellt. Die Koordination der Touren übernimmt die Grenzland-Ranch in Schweix. Weitere Stationen liegen in der West- und Vorderpfalz sowie im Pfälzer Bergland; auf Wunsch werden auch Ritte ins Lothringische organisiert. Für jeden Geschmack steht das ganze Jahr über ein passendes Ausflugsangebot bereit: Gourmets schätzen ganz besonders die deutsch-französischen Routen, Weinfreunde zieht es eher in die Vorderpfalz, wo auch Verköstigungen auf dem Programm stehen. Natur- und historisch Interessierte werden von den vielen Burgen und Felsen der Südwestpfalz begeistert sein. Normalerweise reitet man auf dem eigenen Pferd in Kleingruppen ohne Führer; auf Wunsch werden auch Einzelritte, geführte Touren oder Reitausflüge auf Leihpferden durchgeführt. Die Broschüre »Die Pfalz zu Pferd« informiert über das Angebot.

KARTE ▶ C4

Was: Wanderreiten, ein- oder mehrtägige Touren
Wo: Pfälzerwald, Vorderpfalz, Nordvogesen
Wann: ganzjährig
Wie viel: ab 60 € pro Tag inkl. Unterkunft und Vollverpflegung für Ross und Reiter; Koordination: Grenzland-Ranch, Gartenstr. 6, 66957 Schweix, Tel. 0 63 35/75 44
Web: www.diepfalzzupferd.de, www.grenzlandranch.de
Sonstiges: Die Broschüre »Die Pfalz zu Pferd« ist erhältlich bei Pfalz-Tourismus e. V., Martin-Luther-Str. 69, 67433 Neustadt/Weinstraße, Tel. 0 63 21/3 91 69 26.

Von Mühlrädern und Fahrrädern

Es klopft und sägt, dröhnt und knirscht in der idyllisch und einsam gelegenen Eschviller Mühle im Bitscherland. 1731 stand hier im Tal der Schwalb die erste Wassermühle, 1939 wurde der Mühlenbetrieb aufgegeben. Heute beherbergt der Bau zwei interessante Mühlenmuseen, die zeigen, wie in den letzten Jahrhunderten mit Hilfe von Wasserkraft Korn gemahlen und Holz gesägt wurde. Im Sägewerkmuseum werden traditionelle Techniken des Sägens vorgeführt mit Maschinen, die alle aus der Region Nordvogesen stammen. Die Sägen funktionieren noch tadellos und zeigen die technische Entwicklung des Sägemühlengewerbes. Auch am alten Mühlrad im Kornmühlmuseum hat der Zahn der Zeit kaum genagt – das Ergebnis, hochwertiges Vollkornmehl aus unterschiedlichen Getreidesorten, wird vor Ort verkauft. Führungen durch die Ausstellung »Korn, Brot und Mühle« sowie Vorführungen der Maschinen von Müllerei und Sägerei werden in deutscher und französischer Sprache angeboten. Wie der Antrieb durch Wasser funktioniert oder ein Mühlrad das Sägeblatt bewegt, kann man an verschiedenen Stationen ausprobieren. Für Gruppen werden Workshops angeboten, bei denen die Besucher selbst Hand anlegen können. Nach dem Mehlsieben oder Briochebacken bezeugt eine dünne Staubschicht auf der Kleidung, wie viel Spaß es gemacht hat.

In der Eschviller Mühle staunen kleine und große Besucher, wenn – wie schon im 17. Jahrhundert – mittels Wasserkraft Holz gesägt wird.

Kloster Hornbach ist Startpunkt der französischen Jakobswege, die über Metz und Straßburg nach Santiago de Compostela führen.

tiquehotel mit viel Charme und Stil. Allein um dieses Werk zu bewundern und die Mystik des Ortes zu spüren, lohnt sich ein Besuch – und sei es nur für ein Klosterbier in der Schänke oder einen Rundgang durch den liebevoll gepflegten Kräutergarten. Etwas Zeit nehmen sollte man sich für den Besuch des Museums Historama, dessen Eingang sich gleich neben dem Haupteingang des Hotels befindet. Die Ausstellung informiert anhand von Funden und mittels moderner audiovisueller Technik über die Entwicklung der Benediktinerabtei von ihrem Ursprung über Aufbau und Blüte bis zur Aufhebung und dem anschließenden Verfall sowie über die Stadtgeschichte Hornbachs. Oberhalb des Hotelgartens erinnert eine Gedächtnisstätte an den Ort, an dem der 753 verstorbene Klostergründer Pirminius begraben wurde. Die Reliquien des Heiligen, der als Patron der Pfalz verehrt wird, wurden mit der Aufhebung des Klosters während der Reformation 1575 zunächst nach Speyer, 1588 dann nach Innsbruck überführt. Anlässlich der Wiederentdeckung des Grabes des heiligen Pirminius im Jahre 1953 gelangte ein Reliquiar zurück nach Hornbach; es befindet sich in der katholischen Kirche St. Pirminius. Weitere Reliquien des Heiligen werden in Innsbruck, Speyer und Pirmasens aufbewahrt. Durch Hornbach führen neben den Jakobswegen auch mehrere Südwestpfalz-Radwanderwege; eine besonders schöne und gemütliche Tour führt am Lauf des Hornbachs entlang nach Zweibrücken, eine andere über die grüne Grenze nach Lothringen zur Eschviller Mühle und weiter nach Volmunster (→ Tipp 10/S. 28–29). Wanderer und Reiter finden ebenfalls vielfältige Freizeitmöglichkeiten vor.

Geschichte und Geschichten im Land der Burgen

Von der um 1200 erbauten Burg Lemberg blieben neben einigen Grundmauern auch Reste des Bergfrieds übrig, ein beeindruckender Brunnenstollen, Felskammern – und natürlich die tolle Aussicht über den Wasgau mit seinen dicht bewaldeten Hügeln. Einst ließen die Grafen von Zweibrücken sie als Grenzburg errichten, heute informiert ein kostenlos zugängliches Burgeninformationszentrum nicht nur über die Vielzahl der Burgen in der Region, sondern auch über mittelalterliche Angriffs- und Verteidigungsmethoden und nicht zuletzt über das Leben von Rittern, Burgfräulein, Handwerkern und Bauern. Im Wald hinter der Burgruine verbergen sich Sandsteintürme, Felsenwände, Durchbrüche, kleine Höhlen und weitere Aussichtspunkte. Ein schöner Rundwanderweg führt dem roten Dreieck folgend am Hummelberg entlang zur Ruine Ruppertstein. Vom Mauerwerk der ehemaligen Vorburg der Burg Lemberg blieben so gut wie keine Spuren. Die 1689 gesprengten Mauern dienten den Bewohnern der umliegenden Ortschaften als Steinbruch; in manchem Haus der Umgebung wurden »Ruppertsteine« verbaut. Den Felsen, auf dem Burg Ruppertstein einst stand, erreicht man über Treppenstufen, die in einen natürlichen Felsschacht geschlagen wurden. Von dem mit Bäumen bewachsenen Plateau blickt man über den Wasgau auf die Orte Ruppertsweiler, Münchweiler bis hin zum Stadtrand von Pirmasens. Weiter folgen wir dem grünen Dreieck bis zum Aussichtspunkt »Maiblumenfels«, von dem aus man das Salzbachtal überblickt. Dem gelben Punkt folgend, führt ein breiter, recht eben verlaufender Waldweg zurück zum Parkplatz. Empfehlenswert ist der kurze Abstecher zum Rabenfelsen, der einen schönen Blick auf die Ruine Lemberg bietet.

> Ein bisschen unheimlich, auf jeden Fall aber spannend sind Führungen im engen, dunklen, 130 Meter langen Brunnenstollen von Burg Lemberg, an dessen Ende man den 95 Meter tiefen Brunnenschacht hinaufblicken kann.

KARTE ▶ C4

Was: Burg Lemberg mit Burgeninformationszentrum BIZ, Ruppertstein
Wo: Lemberg/Pfalz
Wann: BIZ Mi–Sa 11–19 Uhr, So 10–19 Uhr; Brunnenstollen: Mai–Nov. Sa 14–17 Uhr; Wanderung ganzjährig; Zugang zum Ruppertstein Feb.–Juni (Brutzeit der Wanderfalken) geschl.
Wie viel: Eintritt frei
Wie lange: 14 km, ca. 4 Std.
Essen & Trinken: Burgschänke Lemberg, Mi–So 10–19 Uhr, Tel. 0 63 31/69 83 90
Web: www.burg-lemberg.de, www.burgschaenke-lemberg.de
Sonstiges: Tourist-Info Tel. 0 63 31/87 21 35

WO DIE PFALZ noch zu ENTDECKEN IST!
HOTEL KLOSTER HORNBACH
Die Ruhe und Gelassenheit genießen und der Seele eine Auszeit gönnen. Die Umgebung der Südwestpfalz erkunden oder sich kulinarisch verwöhnen lassen.
H
KLOSTER HORNBACH
IM KLOSTERBEZIRK
66500 HORNBACH
Telefon 06338-91010-0 Fax 06338-91010-99
Internet www.kloster-hornbach.de
eMail Hotel@Kloster-Hornbach.de

Herzlich willkommen an einem Ort voller Geschichte und Tradition.
Entdecken Sie mehr als Sie erwarten: einen Raum in dem Sie, liebevoll umsorgt, entspannte Tage und Stunden in einer wundervollen Umgebung verbringen.
Teilen Sie unser Savoir Vivre - ob im exzellenten Restaurant oder im Hotel, überall sorgen wir dafür, dass Sie sich wohlfühlen.
Über die Jahrhunderte hat sich hier ein Ort der "plaisance" und Leidenschaft erhalten.
LANDSCHLOSS FASANERIE
www.landschloss-fasanerie.de
Romantik Hotel Landschloss Fasanerie | 66482 Zweibrücken | Fasanerie 1
info@landschloss-fasanerie.de | Telefon 06332-973-0 | Fax 06332-973-111

»Bach ohne Grenzen«

Lust auf französische Luft, Käse oder Flammkuchen? Kein Problem! Im Grenzgebiet zwischen Südwestpfalz und Lothringen kann man auf dem Natur- und Gewässerlehrpfad »Bach ohne Grenzen« gemütlich ins kleine Grenzörtchen Walschbronn radeln oder spazieren und unterwegs urige Mühlen sowie eine ursprüngliche Tallandschaft entdecken. Die Tour startet in Eppenbrunn am Kurpark. Von hier folgt man dem markierten Radweg in Richtung Hilster Mühle. Der breite Waldweg führt zunächst am Eppenbrunner Bach entlang, der an der Trulbermühle in die Trualb mündet. An der Strecke stehen zweisprachige Informationstafeln mit Wissenswertem über Wiese, Wald und Sumpfland sowie ihre tierischen und pflanzlichen Bewohner, darüber hinaus gibt es eine Fischtreppe und ein Insektenhotel zu bestaunen. Man passiert die Schweixer und Hilster Mühle, wovon Letztere noch in Betrieb ist, und wenig später den Roten Felsen mit seinen Überhängen. Kurz hinter der Abzweigung nach Kröppen ist die Grenze zu Frankreich erreicht, von wo der nunmehr asphaltierte Weg weiter nach Walschbronn führt. Über den spitzgiebeligen Dächern des Ortskerns stehen am Hang die Reste einer mittelalterlichen Burganlage. Von hier hat man einen schönen Blick über die Ortschaft, in der sich auch viele deutsche Familien niedergelassen haben. Wer den grünen Schildern mit der Aufschrift »La Ferme« folgt, erreicht eine Hofkäserei, die köstliche Kuhmilchrohkäse nach alter handwerklicher Tradition herstellt und verkauft.

Grenzgänger: schottische Hochlandrinder.

KARTE ▶ B4

Was: Natur- und Gewässerlehrpfad und Radausflug
Wo: Eppenbrunn–Walschbronn
Wie lang: ca. 6 km
Essen & Trinken: Ferme et Fromagerie, Rue de la Tuilerie 31, Walschbronn, Mo–Do 8.30–12 Uhr, Fr bis 18 Uhr, Tel. 00 33/(0)3 87 96 52 70; Auberge du Château, Rue Principale 115, Walschbronn, Do–Mo, Tel. 00 33/(0)3 87 96 52 43; Hotel-Restaurant Kupper mit Biergarten, Eppenbrunn, Do–Di, Tel. 0 63 35/91 30
Web: www.fromagerie-lalignebleue.net, www.auberge-chateau.fr, www.hotelkupper.de

Der Europäische Mühlenradweg führt durch Pfälzerwald und Nordvogesen.

Die Eschviller Mühle – oder Moulin d'Eschviller – liegt direkt am Europäischen Mühlenradweg. Die Radstrecke beginnt in Zweibrücken und führt durch die Pfalz, das Bitscherland in Lothringen und den Saar-Pfalz-Kreis. Vierzehn Mühlen säumen den Weg auf insgesamt 45 km Länge. Ein sehr schöner Teil dieser Themenradtour startet in Hornbach und führt durch Altheim und Peppenkum über die deutsch-französische Grenze erst nach Guiderkirch, dann dem Bachlauf der Bickenalb folgend nach Bettviller. Bis hierher musste man ein wenig nach den historischen Mühlen suchen, da sie weder ausgeschildert sind noch direkt am Wegesrand liegen. Erst in Volmunster steht eine gewerblich genutzte Mühle, die sich aber – wie alle anderen Mühlen außer der Eschviller Museumsmühle – in Privatbesitz befindet und nicht besichtigt werden kann. Weiter geht es an der Schwalb entlang, vorbei an der Eschviller Mühle und zurück nach Hornbach. Die hier beschriebene Rundtour verläuft auf landschaftlich reizvoller Strecke über eine Länge von etwa 26 km meistens abseits der Autostraßen oder auf selten befahrenen Nebenstrecken. Wegen des nur leicht hügeligen Geländes ist sie auch für Familienausflüge mit Kindern geeignet.

KARTE ▶ B4

Was: Europäischer Mühlenradweg, Mühlen- und Sägewerksmuseum Eschviller Mühle/Moulin d'Eschviller
Wo: Hornbach–Bettviller
Wann: Radtour: ganzjährig; Museum: Ostern–Mitte Okt., 14–18 Uhr, Öffnungstage im Internet oder unter Tel. 00 33/(0)3 87 96 76 40
Wie viel: 4,50 €, ermäßigt 3,50 €, inkl. Führung
Web: www.moulindeschviller.fr, www.radwanderland.de, www.ot-paysdebitche.com
Essen & Trinken: Auberge du Vieux Moulin, an der Eschviller Mühle, Tel. 00 33/(0)3 87 06 15 97

Urige Hütten und murmelnde Bäche

Flink und scheu: Nussknacker im Pfälzerwald.

Drei urige Hütten unterschiedlichen Charakters, allesamt in herrlicher Waldlage, lassen sich auf dieser Tageswanderung erkunden, die durch eine abwechslungsreiche Landschaft führt: lichte Laubwälder und dunkle Tannenwälder, Felsen, Bäche und Weiher, offene Höhenflächen und verträumte Täler. Wer ab und zu stehen bleibt und still verharrt, kann Eichhörnchen, Rehe, Siebenschläfer und Füchse entdecken – oder die Spuren der Wildschweine. Die Tour lässt sich gut in zwei getrennte Etappen unterteilen, eine Nord- und eine Südroute, an deren Schnittstelle sich der Ausgangspunkt befindet. Beide Etappen starten am Wanderparkplatz »Drei Buchen« nahe der Ortschaft Kettrichhof südlich von Pirmasens. Auf der Südetappe geht es zunächst Richtung Dorf und hinab ins Tal auf dem rot-weiß markierten Weg in Richtung »Hohe List«. Nachdem man in der Talmulde die Straße L 485 überschritten hat, steigt der Weg etwa eine Stunde lang sanft an bis zum Wanderheim »Hohe List«. Hier verlässt man die rot-weiß markierte Strecke und folgt dem Weg mit dem grünen Kreuz. Der führt bergab in Richtung Stephanshof und weiter entlang der Talwiesen des Stephanstals bis in die Ortschaft Glashütte. Weiter geht es auf dem mit grünem Kreuz markierten Weg bis zu der breiten Waldkreuzung, an der man auf den Weg mit dem gelben Punkt abbiegt. Er führt am Wald-

KARTE ▶ C4

Was: Wanderung
Wo: Wanderparkplatz Drei Buchen, Kettrichhof bei Pirmasens
Wann: ganzjährig
Wie lange: Südroute: 14,5 km, ca. 4,5 Std.; Nordroute: ca. 10 km, 3–3,5 Std.
Essen & Trinken: PWV-Wanderheim Hohe List: Sa ab 11 Uhr, So/Feiertag ab 9 Uhr, im Sommer auch Mi ab 11 Uhr, Tel. 0 63 93/57 24; PWV-Waldhaus Drei Buchen: Sa ab 12 Uhr, So/Feiertag ab 10 Uhr, Tel. 0 63 35/52 28; Naturfreundehaus Niedersimten, tgl. ab 9 Uhr, Tel. 0 63 31/4 62 88
Web: www.pwv.de, www.naturfreunde-niedersimten.de

haus »Drei Buchen« vorbei und zurück zum Wanderparkplatz.
Die Nordetappe führt durch das Naturschutzgebiet Gersbachtal. Am Wanderparkplatz »Drei Buchen« orientiert man sich an der rot-weißen Markierung Richtung Niedersimten, überquert die Kreisstraße 7 und steigt dann an den Teufelsfelsen vorbei ins Gersbachtal ab, bis man auf den in der Talsenke verlaufenden breiten Forstweg trifft. Wenn man nach rechts in Richtung Niedersimten geht, erreicht man nach wenigen hundert Metern das Naturfreundehaus Niedersimten. Nach einer stärkenden Einkehr wandert man auf dem Forstweg zurück und folgt ihm stets durchs Tal, vorbei an mehreren Weihern. Gegen Ende wird die Steigung stärker, es folgen einige Kurven und das letzte Stück ist asphaltiert. Kurz vor Kettrichhof trifft man wieder auf die Kreisstraße 7, der man nach rechts folgt. Am Höhengasthaus »Lug ins Land« biegt man nach links zum Wanderparkplatz ab, der etwa 800 m weiter im Wald liegt. Der Ausflug lässt sich auch gut mit Mountainbike oder Tourenrad bewältigen; markierte Radwege sind vorhanden.

Im Wasgau, dem Südteil des Pfälzerwalds, trifft der Wanderer auf murmelnde Bäche und schweigende Weiher, lichtes Laub und finsteren Tann.

Monumentale Sandsteintürme

Dass schon die Römer von den Jagdgründen und Felsformationen im Wasgau begeistert waren, beweist das Dianabild im Altschlosswald bei Eppenbrunn. Das in die Felswand gemeißelte Relief zeigt die römische Jagdgöttin, flankiert von Kriegsgott Mars und Waldgott Silvanus. Unterhalb des Felsens weisen tiefe Einkerbungen darauf hin, dass dieser Ort auch von den Kelten als Kultstätte genutzt wurde. Sicher waren sie fasziniert von den unweit gelegenen Altschlossfelsen – einer 1,5 km langen und etwa 20 m hohen Buntsandsteinformation, die vor rund 250 Millionen Jahren entstand und vielfältige Verwitterungsformen aufweist. Vom Aussichtspunkt am Südwestende des Felsenriffs blickt man über die bewaldete Hügellandschaft der Nordvogesen auf das lothringische Roppeviller. Vom Parkplatz Spießweiher östlich von Eppenbrunn benötigt man zu Fuß rund 30 Minuten bis zum Felsmassiv. Eine ausgeschilderte Rundtour von etwa 10 km Länge folgt zunächst dem Helmut-Kohl-Wanderweg, weiter dem Verlauf der deutsch-französischen Grenze und schließt die von den Mönchen der ehemaligen Abtei Sturzelbronn angelegten Weiher im Stüdenbachtal ein. Im Luftkurort Eppenbrunn lädt ein kleiner, hübscher Kurpark mit Kneippeinrichtungen, Minigolfanlage und Spielplatz zum Verweilen ein.

Eindrucksvolles Naturdenkmal: Altschlossfelsen bei Eppenbrunn.

KARTE ▶ C4

Was: Dianabild, Altschlossfelsen, Stüdenbachtal
Wo: Eppenbrunn
Wann: ganzjährig
Wie lang: 12 km, 4 Std.
Essen & Trinken: Hotel-Restaurant Kupper mit Biergarten, Himbaumstr. 22, Eppenbrunn, Do–Di, Tel. 0 63 35/91 30
Web: www.pirmasens-land.de, www.wanderportal-pfalz.de, www.hotelkupper.de
Sonstiges: Tourist-Info Eppenbrunn, Tel. 0 63 35/51 55; beim Fremdenverkehrsbüro Pirmasens-Land gibt es eine Infobroschüre mit Wandervorschlag (Tel. 0 63 31/87 21 35).

Denkmal für den Frieden

Unzählige menschliche Schädel und Knochen, ausgebleicht und verwittert, stapeln sich vom Boden bis unters Dach – kein Schreckensszenario, sondern die Stätte, an der die sterblichen Überreste der Bürger von Schorbach aufbewahrt werden. Das »Ossuaire« des lothringischen Dorfs stammt aus dem 12. Jahrhundert und ist eines der wenigen erhaltenen Beinhäuser dieser Zeit. Bis ins 19. Jahrhundert wurden aus Platzmangel die Gebeine der Bestatteten ausgegraben und ins Beinhaus neben dem Friedhof gebracht. Durch die Säulen an der Langseite kann man die Knochen noch heute sehen. Die angrenzende Kirche ist eine der ältesten im Bitscherland. Ihr Turm stammt noch aus der Entstehungszeit um 1150. Im Gemeindezentrum hat der Maler und Bildhauer Joseph Kriegel in zwanzigjähriger Arbeit sein künstlerisches Vermächtnis hinterlassen. 366 Gesichter schauen dem Besucher entgegen, gemeißelt in Sandstein, geordnet in zwölf Kolumnen à 30 oder 31 Stück. Dieser Kalender (Calendrier universel de la fraternité et de la paix) porträtiert Menschen aus 51 Ländern, allen Weltreligionen und unterschiedlichsten Wirkungsbereichen. Gemeinsam ist allen ihr Engagement für Frieden und Brüderlichkeit. Oft werden sie nicht mit dem eigenen Namen dargestellt. So ist etwa am 25. Juni Stummfilmlegende Stan Laurel zu sehen, am 26. Juni der Arzt Samuel Hahnemann, am 29. Juni der Schriftsteller Heinrich Böll und am 30. Juni der Komponist Frédéric Chopin.

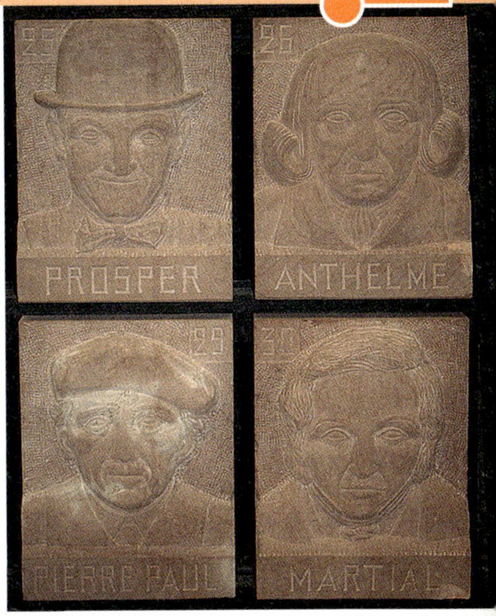

Teil des Friedenskalenders mit Stan Laurel, Samuel Hahnemann, Heinrich Böll und Frédéric Chopin.

KARTE ▶ B4

Was: Beinhaus, Friedenskalender
Wo: F-57230 Schorbach
Wann & wie viel: Beinhaus beim Friedhof: ganzjährig frei zugänglich; Kalender in der Salle des Fêtes: Öffnungszeiten und Eintrittspreise im Internet, unter Tel. 0033/(0)3 87 96 06 75 oder per E-Mail an mairie schorbach@orange.fr
Essen & Trinken: Eigenverpflegung oder in Bitche (→ Tipp 14/S. 34–35)
Web: www.ot-paysdebitche.com, www.calendrierdelapaix.fr
Sonstiges: Tourist-Info Bitscherland, Tel. 00 33/(0)3 87 06 16 16

Impressionen von Frieden und Krieg

Es war die Hölle! 230 Tage lang verteidigten Kommandant Teyssier und seine Männer 1870 im deutsch-französischen Krieg die Zitadelle von Bitche und hielten der Belagerung durch bayerische Truppen stand. Sie litten unter Durst, Hunger, Krankheiten und Ungeziefer. Viele verloren ihr Leben, doch die Bastion machte ihrem Ruf alle Ehre: Sie blieb uneinnehmbar. Heute folgen wir – wie auf einer Zeitreise – einem einfachen Soldaten in das unterirdische Gewirr von Tunneln, Gängen, Hallen und Räumen, spüren den Druck und das Elend, unter denen die Soldaten die Zitadelle selbst dann noch hielten, als schon ganz

Kunstwerk am Fuß der Zitadelle: Der Friedensgarten gehört zum Projekt »Gärten ohne Grenzen« und nimmt mit seiner Gestaltung Bezug auf die Geschichte der Festung.

KARTE ▶ B5

Was: Zitadelle mit Museum, Friedensgarten »Jardin de la Paix«, Stadtweiherpark
Wo: F-57230 Bitche, Rue de Bombelles
Wann: Zitadelle: 15. März–15. Nov. tgl. 10–17 Uhr, So/Feiertag u. Juli/Aug. 10–18 Uhr, Tel. 00 33/(0)3 87 96 18 82; Friedensgarten: letzter So im April–1. So im Okt. tgl. 11–18 Uhr, Tel. 00 33/(0)3 87 96 95 03
Wie viel: Zitadelle: 15. März–26. April u. 6. Okt.–15 Nov. 8 €, Kinder ab 7 Jahre 6 €, 27. Apr.–5. Okt. (inkl. Eintritt für den Friedensgarten) 9 €, Kinder 7 €; Friedensgarten: 4 €, erm. 2 €
Essen & Trinken: Hotel-

Frankreich die Waffen gestreckt, Kaiser Napoleon III. die Niederlage unterschrieben und abgedankt hatte. Am Fuße des Zufahrtsweges werden Kopfhörer ausgeteilt, mit denen es ins Innere der Anlage geht, wo sich Kasernen, Offiziersunterkünfte, Bäckerei und Schmiede befanden. Viele der großen Bauten, die einst auf dem Plateau im Inneren der Mauern standen, sind hingegen gar nicht oder nur noch in Teilen erhalten. Auf dem Außengelände erhält man weitere informative Erklärungen zur Geschichte der Verteidigungsanlage. Wer auf den Audioguide und Filmrundgang verzichten möchte, kann sich hier auch auf eigene Faust umschauen, die Schautafeln lesen und den Blick über die Stadt genießen.

Steil und imposant ragen die meterdicken Mauern der Zitadelle weit sichtbar auf einem kargen Hügel mitten über Bitche empor. Die Faszination der Anlage, die ab 1680 vom französischen Festungsbaumeister Vauban errichtet wurde, bleibt ungebrochen. Heute sind Zitadelle und Stadt sowohl Mahnmal als auch hervorragendes Beispiel für ein friedliches Miteinander in Europa. Dem Frieden hat sich auch der »Jardin de la Paix« verschrieben, ein kleiner Garten am Fuße der Festung. In kunstvoller und sehr ansprechender Weise haben hier Gartenbaumeister fantasievolle Kreationen unterschiedlichster Art geschaffen. Der Friedensgarten präsentiert sich wie die ganze Stadt Bitche als vergängliches Kunstwerk mit einer Mischung aus Blumen, Grünpflanzen, Holz, Gestein, Glas, Metall und Natur. Außergewöhnlich gestaltete Kreisverkehrsplätze, riesige Blumentöpfe am Straßenrand, herrliche Blumenbeete und der wunderschöne Stadtweiherpark runden das Stadtbild ab. Auch der militärischen Tradition ist das kleine lothringische Städtchen treu geblieben. Noch immer sind hier französische und mittlerweile auch deutsche Truppen stationiert; im Wald befindet sich ein riesiges Truppenübungsgelände, die Kasernen liegen am Stadtrand.

Restaurant Le Strasbourg, Rue Teyssier 24, 57230 Bitche, Tel. 00 33/(0)3 87 96 00 44
Web: www.citadelle-bitche.com, www.gaerten-ohne-grenzen.de, www.ville-bitche.fr, www.le-strasbourg.fr
Sonstiges: Für die Zitadelle ist warme Kleidung empfohlen, Tiere sind in den unterirdischen Gängen nicht erlaubt; die Zitadelle ist für Gehbehinderte nicht geeignet, der Friedensgarten ist behindertengerecht; Tourist-Info Bitscherland, Tel. 00 33/(0)3 87 06 16 16.

Im Untergrund auf der französischen Seite ...

Meterdicke Betonwände, Schießscharten, Gitter- und Stahltore, tiefe Schächte, Geschütze, Schießstände und Panzerglocken empfangen die Besucher bereits auf dem Außengelände. Je weiter man in die unterirdischen Gänge vordringt, umso spannender wird es. Dort findet man breite und enge Stollen vor, Schmalspurschienen, Kasematten, Kampfblöcke, ein Fernmeldebüro, ein Elektrizitätswerk, Maschinen- und Vorratsräume; auch eine Arztpraxis mit angeschlossenem Lazarett, eine Küche und eine Kantine haben Platz gefunden. Das französische Pendant des Westwalls ist in der Festungsanlage Simserhof hervorragend erhalten und wirkt, als hätte der letzte Soldat erst gestern das Fort verlassen. In dem Verteidigungswerk der Maginotlinie (→ Tipp 77/S. 111) waren zu Kriegszeiten bis zu 876 Mann stationiert. Der französische Kriegsminister André Maginot hatte zwischen 1929 und 1932 an der Ostgrenze Frankreichs einen Befestigungsgürtel errichten lassen, zu dem auch der Simserhof bei Bitche gehörte. Am 30. Juni 1940 legten die französischen Artillerietruppen hier ihre Waffen nieder; fortan wurde die Anlage von der deutschen Wehrmacht genutzt. Kurzfilme dokumentieren den Alltag und die Intensität der Angriffe. Wenn die Belüftungsmaschinen eingeschaltet werden und das Licht schwächer wird, hat man eine Ahnung, unter welchen Bedingungen hier gehaust und gearbeitet wurde. Am Ende der etwa dreistündigen Erlebnisführung runden eine Filmvorführung und ein Rundgang durch das Empfangsgebäude mit Shop den Besuch ab.

KARTE ▶ B5

Was: Festungswerk Simserhof, Museum
Wo: 57410 Siersthal bei Bitche, Rue André Maginot
Wann: 15. März–15. Nov. Di–So 10–17 Uhr, im Juli und Aug. 10–18 Uhr, Montag geschlossen außer an Feiertagen und im Juli/Aug.; ansonsten ganzjährig für Gruppen nach Voranmeldung, Tel. 00 33/(0)3 87 96 39 40
Wie viel: 12 €, Kinder (6–16 J.) 8 €
Web: www.ot-paysdebitche.com
Sonstiges: Ziehen Sie sich warm an! Unter der Erde ist es bei konstant 9–10 °C zu jeder Jahreszeit kühl und feucht.

... und auf der deutschen Seite

»Ein deutscher Soldat vergräbt sich nicht!« Getreu diesem Leitspruch hatte am Westwall der Schutz der Waffen Priorität vor dem der Truppen. Die Stollenanlage in Pirmasens-Niedersimten sollte als Zugangs- und Versorgungsebene für das Festungswerk Gerstfeldhöhe auf der Oberfläche des Berges dienen. Heute ist ein Teil der Hohlgänge auf einem 1 km langen Rundweg zu besichtigen, in dem sich der einstige Kriegsschauplatz als eindrucksvolles Mahnmal für den Frieden präsentiert. Das Festungswerk Gersfeldhöhe war Teil von Hitlers Plan, an der Westgrenze des Deutschen Reichs von Kleve bis Basel auf 650 km Länge eine Verteidigungslinie aufzubauen. Die unterirdische Anlage sollte über eine Lkw-Zufahrt, Räumlichkeiten für 600 Mann sowie eine Schmalspurbahn verfügen, die über 3,5 km Länge bis zu den vorderen Kampfständen führte. Mit Beendigung des Frankreichfeldzuges wurden 1940 die Bauarbeiten an der riesigen, aber unfertigen Anlage eingestellt. Im Krieg wurde sie vielfach genutzt: zunächst als Truppenquartier, Schutzbunker und Notunterkunft der Einwohner – nach Kriegsende als Verpflegungs- und Ersatzteillager der amerikanischen Besatzung. Eine gut dokumentierte Ausstellung zeigt Armeefahrzeuge, Panzer, Geschütze, Minen, Waffen, Uniformen und vieles mehr. Nicht alle Exponate stammen von der Wehrmacht, viele auch von US-Truppen.

Das Westwallmuseum erinnert an die Schrecken des Zweiten Weltkriegs und ist heute ein Mahnmal für den Frieden.

KARTE ▸ C4

Was: Festungswerk Gerstfeldhöhe, Westwallmuseum
Wo: Pirmasens-Niedersimten, In der Litzelbach
Wann: 1. April–31. Okt. Sa/So 13–17 Uhr, Führungen auch außerhalb der Öffnungszeiten, Info unter Tel. 0 63 31/4 61 47 oder 84 22 99
Wie viel: 5 €, Kinder ab 6 Jahre 3 €
Essen & Trinken: Naturfreundehaus Gersbachtal, Tel.0 63 31/4 62 88, tgl. 9–22 Uhr; Bistro Aktuell, Almstr. 3, Niedersimten, Tel. 0 63 31/21 74 82, Di–So ab 17 Uhr
Web: www.westwall-museum.de, www.naturfreunde-niedersimten.de

Am verwunschenen Waldsee

Die Franzosen lieben es zu campen. Auf dem idyllisch gelegenen Campingplatz am Hanauer Weiher (Etang de Hanau) tummeln sich in der Saison neben Urlaubern aus ganz Frankreich auch viele Deutsche. Der größte See des Bitscherlands lohnt nicht nur wegen eines Zelt- oder Wohnwagenurlaubs – auf dem 18 Hektar großen Waldsee kann man rudern, Tretboot fahren und im flachen Wasser schwimmen. Der um den See herum verlaufende, etwa ein Kilometer lange botanische Rundgang »Sentier de la Tourbière« führt durch ein Torfmoor und informiert über die Besonderheiten des Biotops sowie über seine pflanzlichen und tierischen Bewohner. Eine längere Wanderung führt ins abgelegene Nachbardorf Waldeck, über dem die Ruinen einer Burg aus dem Wald ragen. Weiter führt der Weg zu den Erbsenfelsen, einer imposanten Sandsteinformation, und von dort zurück zum See. Ein weiterer schöner Wanderweg führt über die Ruine Falkenstein nach Philippsbourg. Radfahrer und Moutainbiker finden abwechslungsreiche Strecken auf asphaltierten und naturbelassenen Waldwegen abseits der Hauptstraßen vor. Für Campingmuffel bietet das Hotel Beau Rivage bequeme Unterkünfte in schöner Seelage mit Blick auf die Burgruine.

Im Torfmoor am Hanauer Weiher wächst der fleischfressende Sonnentau.

KARTE ▶ C5

Was: Etang de Hanau
Wo: zwischen Philippsbourg und Eguelshardt
Wann: ganzjährig zum Wandern und Radeln; Torfmoor: Mai–Okt.; Bootsverleih und Campingplatz: Apr.–Sept., Tel. 00 33/(0)3 87 06 51 55
Wie lang: Rundwanderung ca. 9 km, 2–3 Std.
Essen & Trinken: L'Auberge du Falkenstein, F-57230 Philippsbourg, Tel. 00 33/(0)3 87 06 53 29
Web: www.crt-lorraine.fr, www.ot-philippsbourg.fr, www.hotel-beau-rivage-fr.com
Sonstiges: Tourist-Info Philippsbourg, Tel. 00 33/(0)3 87 06 56 12

Forellen »à la meunière«

So manch einer möchte gerne einmal den eigenen Fisch aus dem Wasser ziehen, besitzt aber keinen Angelschein. Im nahe gelegenen Frankreich ist's möglich: Die Forellenzüchter sprechen allesamt deutsch und sind voll auf die Besucher von nah und fern eingestellt. Wie Perlen an einer Schnur reihen sich die Angelweiher zwischen Walschbronn, Bitche, Philippsbourg und in den Nebentälern aneinander. Private Besitzer von Seen und Weihern bieten das Forellenangeln für den halben oder ganzen Tag gegen Gebühr an. Die eigene Ausrüstung muss mitgebracht werden, Köder sind meistens vor Ort erhältlich. Bis auf Karpfen darf der Fang in der Regel mit nach Hause genommen werden, z. B. um Forellen nach Art der Müllerin zuzubereiten. Wer an öffentlichen Seen und Gewässern angeln will, braucht auch in Frankreich eine Genehmigung, die aber in der Regel schnell und problemlos für einen Tag erteilt wird. Informationen zu vorhandenen Fischgründen und Angelgewässern, zu Genehmigungen, Öffnungszeiten und Preisen erteilen die jeweils zuständigen Touristeninformationen. Besonders beliebt beim deutschen Publikum sind die grenznahen Fischweiher bei Philippsbourg, Bannstein, Eguelshardt, Baerenthal, Rolbing, Waldhouse, Frohmuhl, La Petite Pierre und Liebfrauenthal.

KARTE ▶ C5

Was: Angeln
Wo & wann: Pisciculture Werner bei Bannstein, tgl. 8–18 Uhr, Tel. 00 33/(0)3 87 06 16 06, Etang de Philippsbourg, 15. Feb.–23. Dez. tgl. 6–20 Uhr, Tel. 00 33/(0)3 87 06 89 60, Etang du Falkenstein, Stockbronn, Fr–Mo 8–17.30 Uhr, Tel. 00 33/(0)6 88 85 67 78, weitere Infos s. Web
Wie viel: rund 10 € für den halben, 18 € für den ganzen Tag
Essen & Trinken: Selbstverpflegung; Gastronomie in den nahe liegenden Ortschaften
Web: www.crt-lorraine.fr, www.ot-philippsbourg.fr

Wo schon die Römer badeten

Überall sprudelt es im Zentrum von Niederbronn-les-Bains: Fontänen, Wasserspiele, ein Bachlauf, Brunnen und Becken. Das Baden-Baden des Elsass präsentiert sich weniger mondän als sein Pendant auf der deutschen Seite, hat aber typisch elsässisches Flair und französischen Charme. Ein bisschen Las-Vegas-Feeling kommt beim Besuch im Casino Barrière auf, wo über 200 einarmige Banditen und andere Automaten auf Glücksspieler warten. In der gegenüberliegenden Therme kann man kuren und Anwendungen genießen. Hinter der Säulenfassade verbirgt sich jedoch kein großes öffentliches Thermalbecken, sondern Einzelkabinen mit Badewannen oder Massageliegen. In Niederbronn haben nicht nur Kuren und Spiellust Tradition – die Kirche von 1886 zeugt von der gelebten Religiosität der Elsässer. In Niederbronn wurde der Orden der Schwestern vom Göttlichen Erlöser gegründet; ihr Mutterhaus mit beeindruckenden Klosterbauten und Gärten steht im Nachbarort Oberbronn, dessen Fachwerkhäuser zu einem Spaziergang durch das Winzerdorf einladen. In der Umgebung von Niederbronn führen Wanderungen zu den Burgen Wasenbourg, Lutzelhardt, Alt- und Neuwindstein sowie zum Taubensee oder in die Schluchten des Jaegerthals. Am Stadtrand in der Nähe der Celtic-Quelle, die dem hier abgefüllten Mineralwasser seinen Namen gibt, lockt ein Mountainbikepark mit drei ausgeschilderten Rundstrecken von 8 bis 44 km Länge.

Im heilkräftigen Thermalwasser kurten 48 v. Chr. bereits römische Soldaten.

KARTE ▶ C5

Was: Kurstädtchen mit Thermalbad, Kasino, Kirche, Kloster und Winzerdorf Oberbronn
Wo: Niederbronn-les-Bains
Wann: ganzjährig
Essen & Trinken: Winstub im Casino Barrière, Niederbronn, Tel. 00 33/(0)3 88 80 84 88; Auberge Au Boeuf Noir, Oberbronn, Tel. 00 33/(0)3 88 09 61 39
Web: www.niederbronn.com, www.lucienbarriere.com, www.curethermale.com/niederbronn
Sonstiges: Office de Tourisme Niederbronn-les-Bains, Place de l'Hôtel de Ville 6, 67110 Niederbronn, Tel. 00 33/(0)3 88 80 89 70

Von Glasbläsern und Holzschnitzern

Es ist wie der Eintritt in die düstere Welt eines Romans von Emile Zola: Hohe Industriebauten mit dunklen Wänden säumen die Straße, Arbeiterwohnhäuser in fleckigem Beigebraun, aus den Schloten steigt Rauch, die Fenster sind blind und verschmutzt oder mit Schlagläden verschlossen. Welche Pracht, welcher Glanz, welch farbenfrohes Leuchten und Funkeln sich hinter diesen Häuserfronten verbergen, wie viel Licht, Feuer und vielfältige Talente, all das wird beim Besuch des »Musée du Cristal« in der Kristallmanufaktur »Cristallerie Saint-Louis« im lothringischen Saint-Louis-lès-Bitche deutlich. Kristall und Glaskunst von höchster Perfektion werden hier seit 1767 von Glasmachermeistern in Handarbeit hergestellt. Höchste Qualitätsarbeit und Präzision sind Standard, kostspielige Sonderanfertigungen werden umgehend realisiert. Rund 300 Mitarbeiter arbeiten rund um die Uhr in der Glasbläserei, Schleiferei, Gravur oder Malerei des Traditionshauses, das vom französischen König Ludwig XV. zur Hofmanufaktur ernannt wurde. Das bis dahin »Münzthal« genannte Örtchen trug fortan den königlichen Namenspatron im Ortsnamen: Saint-Louis-lès-Bitche. Der Rundgang durch das Museum führt durch vier Jahrhunderte der Glasmacherkunst. Die unterschiedlichen Techniken und Arbeitsschritte einer Kristallmanufaktur werden mit Hilfe von Ausstellungsstücken, Erklärungstafeln auf Französisch, Deutsch und Englisch, Videos und einigen Mitmachstationen verdeutlicht. Von zwei Plattformen aus blickt man in eine der Produktionshallen mit ihren glühenden Öfen. Zur Erinnerung an den Besuch kann man im angeschlossenen Fabrikladen Glaskunst aus eigener Produktion erwerben.

Einen Überblick über die traditionellen Handwerke in den Nordvogesen erhält man auf Vorbestellung in Mitmachateliers und bei Gruppenführungen, die alle genannten Museen nach Absprache anbieten.

Der Handwerkskunst der Glasbläser widmet sich auch das Museum »Site Verrier« in Meisenthal. Hier demonstrieren Glasbläser ihr Können vor den Augen der Zuschauer; eine Ausstellung mit Film informiert

KARTE ▶ B5

Was: Glas- und Holzschuhmanufakturen mit Museen
Wo & wann: Saint-Louis-lès-Bitche: Glasmanufaktur und Glasbläsermuseum, Mi–Mo 10–18 Uhr, Tel. 00 33/(0)3 87 06 40 04; Meisenthal: Glasbläserei und Museum, Ostersonntag–Okt. Mi–Mo 14–18 Uhr, Nov./Dez. 14–17 Uhr, Tel. 00 33/(0)3 87 96 91 51; Soucht: Holzschuhmachermuseum: Ostern–Okt. Sa/So, Juli/Aug. tgl. 14–18 Uhr, Tel. 00 33/(0)3 87 96 87 07
Wie viel: Saint-Louis und Meisenthal: 6 €, Kinder 3 €; Soucht: 2 €, Kinder 1,20 €
Web: bitscherland.fr

über verschiedene Techniken der lothringischen Glas- und Kristallherstellung. Die freundlichen Mitarbeiter erklären auch gerne alles in Deutsch.
Kaum zwei Kilometer entfernt wird im neu gestalteten »Musée du Sabot« der lothringischen Gemeinde Soucht die Technik der Holzschuhherstellung vorgestellt und praktisch vorgeführt. Holzschuhe waren die gängige Fußbekleidung in den regionalen Glashütten, da sie vor den heißen Flüssigkeiten schützten.

Leben wie Gott in Frankreich

Schauplatz Nordvogesen: eine schmale, baumbestandene Straße, ein verlorenes Tal, ein glasklarer Bach – so erlebt man das Untermühltal bei Baerenthal. Hier ist Jean-Georges Klein daheim, ein begabter Autodidakt und Künstler. Teller bilden seine Leinwand, Gewürze zieren seine Palette, in den Regalen seines Reiches türmen sich edelste Zutaten vom Aal bis zur Zwetschge. Bereits um 1900 empfing Großmutter Klein erste Gäste, zumeist Holzfäller und Kohlenmeier, später genossen Ausflügler die mütterliche Küche. Heute kommen Gourmets aus aller Welt ins Restaurant L'Arnsbourg, denn die Küche des Elsässers hat Kultstatus! Cappuccino aus Erdäpfeln und Trüffeln, Taubenbrust in seinem Jus an Spitzkohl und Algenconfit, Le Brownie déstructuré glacé – alles auf Schalen oder in Tassen aus feinstem Porzellan, aufmerksam serviert unter der Regie von Schwester Cathy. Den Apéritif reicht sie in den kuscheligen Sesseln des Salons bei gedämpftem Licht und umgeben von orientalischen Antiquitäten. Die Speisen werden in gläsernen Pavillons eingenommen, mit Blick in die idyllische Wald- und Wiesenlandschaft. Etwas oberhalb, inmitten einer Lichtung, schuf Gattin Nicole das Hotel K mit edler Ausstattung in minimalistischem Design und klaren Linien. Licht durchflutet die Suiten bei freier Aussicht ins Grüne, und vom Küchenmeister gibt's als Betthupferl Pralinen – braucht es noch mehr zum Wohlfühlen? Wer will, findet auf dem abwechslungsreichen, gut beschilderten Wegenetz des Club Vosgien die geeignete Strecke zum Wandern.

Für die Kreationen von Jean-Georges Klein kommen Feinschmecker von weit her.

KARTE ▶ C5

Was: Gourmet-Restaurant L'Arnsbourg und Hotel K
Wo: F-57230 Baerenthal, Untermuhlthal 18
Wann: Feb.–Dez. Do–Mo, Tel. 00 33/(0)3 87 06 50 85 (Restaurant), 00 33/(0)3 87 27 05 60 (Hotel)
Wie viel: L'Arnsbourg: Menu Saveur (8 Gänge) 115 €, Menu Découverte (10 Gänge) 145 €, Hauptgerichte à la carte ab 45 €; Hotel K: Doppelzimmer 210–265 €, Juniorsuite 320–385 €, Luxussuite 450 €; Frühstück 26 €
Web: www.arnsbourg.com
Sonstiges: Tourist-Info Baerenthal, Tel. 00 33/(0)3 87 06 50 26

Burg Lützelstein thront auf dem »Kleinen Felsen« über La Petite Pierre.

Wellness à la Française

Gesunde Küche mit ausgesuchten Zutaten aus ökologischem Anbau ist fein, schmackhaft und von höchstem Niveau – das beweist das Bio- & Spa-Hotel La Clairière im Vogesendorf La Petite Pierre. Das holistisch ausgerichtete Wellness- und Behandlungsangebot im wunderschönen Spa mit Innen- und Außenpool reicht von Yoga und Meditation über klassische Massagen bis zu Ayurvedaanwendungen und Bädern. Dieses außergewöhnliche Konzept zu akzeptablen Preisen wäre allein schon ein Grund, ein Wochenende in La Petite Pierre zu verbringen. Doch das elsässische Dorf am »Kleinen Felsen« zieht auch wegen seiner herrlichen Höhenlage mit Ausblick über unendliche Laubwälder viele Besucher an. Zu seinen Sehenswürdigkeiten zählen das Schloss am Rand der befestigten Altstadt, die Kirche mit Wandmalerei, zwei kleine Museen und viel Wald des Naturparks Nordvogesen, der zu ausgedehnten Spaziergängen, Reitausflügen und Mountainbiketouren einlädt. Das Fremdenverkehrsamt hält Infobroschüren bereit.

KARTE ▶ B6

Was: Bio- & Spa-Hotel La Clairière, Schloss, Kirche, Museen
Wo: F-67290 La Petite Pierre
Wie viel: La Clairière: Doppelzimmer ab 120 €, Frühstück 17 €, 3-Gänge-Abendmenü 35 €, Tel. 00 33/(0)3 88 71 75 00
Web: www.ot-paysdelapetitepierre.com, www.laclairiere.com
Sonstiges: Tourist-Info La Petite Pierre, Rue du Château 2a, Tel. 00 33/(0)3 88 70 42 30; Verwaltungszentrum des Biosphärenreservats und Naturparks Nordvogesen: Maison du Parc, Château de la Petite Pierre, Tel. 00 33/(0)3 88 01 49 59.

Mit dem Drahtesel durchs Lautertal

Drei Fische markieren den Radweg an der Lauter.

Wer's besonders einfach mag, sollte den Lautertal-Radweg von Süden nach Norden fahren, um das leichte Gefälle zu nutzen – die rund 36 km lange Strecke ist aber auch umgekehrt ohne große Höhen und Tiefen problemlos von Jung und Alt zu bewältigen. Immer dem Lauf der Lauter durchs landschaftlich wunderschöne Tal folgend, durchquert man die sanfte Hügellandschaft zwischen Kaiserslautern und Lauterecken – sozusagen das »Vor-Pfälzerwald-Land«. In Otterbach gibt es ein Motorradmuseum zu besichtigen. Von hier führt ein drei Kilometer langer Abstecher bergauf nach Otterberg zur Abteikirche, dem zweitgrößten Kirchenbau der Pfalz nach dem Speyerer Dom. Ansonsten gibt es ab und zu eine winzige Steigung zu überwinden. Vielleicht liegt dann gerade ein Apfel oder eine Birne von einem der vielen Obstbäume als willkommene Stärkung am Wegesrand. Der Radweg verläuft nämlich durch Streuobstwiesen und Weideland auf geteerten Wegen, größtenteils abseits der Autostraßen. Ein weiterer großer Vorteil, vor allem für Familien: In so gut wie jedem Ort an der Strecke gibt es einen Bahnhaltepunkt, sodass man jederzeit auf den im Stundentakt zwischen Lauterecken und Kaiserslautern verkehrenden Zug umsteigen kann. Hier können werktags nach 9 Uhr und sonntags ganztägig Fahrräder kostenlos mitgenommen werden.

KARTE ▶ C1

Was: Lautertal-Radweg
Wo: Kaiserslautern–Lauterecken, 11 Bahnhöfe an der Strecke
Wann: ganzjährig
Wie lange: 36 km, ca. 4 Std.
Essen & Trinken: Selbstversorgung empfohlen
Web: www.radwanderland.de, www.kaiserslautern.de, www.kaiserslautern-kreis.de
Sonstiges: Eine Karte mit dem Verlauf des Radwegs und Tipps für Sehenswertes unterwegs gibt's bei der Tourist-Info, Fruchthallstr. 14, 67655 Kaiserslautern, Tel. 06 31/3 65 23 16.

Streitkräfte einst und jetzt

Kommt bei Ihnen ein amerikanischer GI in Uniform in die Bäckerei und bestellt mit breitestem texanischem Akzent »zwee Wasserweck, een Gassenhauer, siwe Fasnets-Kiechle un ... een Amerikaner«? Nein? Sie wohnen ja auch nicht in Landstuhl, oder? Hier befindet sich das größte US-Militärhospital außerhalb der USA, im nahe gelegenen Ramstein der größte Luftwaffenstützpunkt der amerikanischen Streitkräfte außerhalb der USA. Zu den rund 9000 Einwohnern von Landstuhl und Umgebung müssen also noch mehrere Tausend Angehörige der NATO-Streitkräfte hinzugerechnet werden, vor allem US-Amerikaner. Die Landstuhler sind daran gewöhnt und genießen das internationale Publikum in ihrem geschichtsträchtigen Städtchen. Auf der um 1150 unter Friedrich Barbarossa errichteten Burg Nanstein, dem Wahrzeichen der Stadt, residierte im späten Mittelalter Franz von Sickingen, der als »letzter Ritter« in die Geschichtsbücher einging; im Mai 1523 wurde er bei einem Angriff auf Nanstein schwer verwundet und starb kurz danach. Von seiner Burg blickte er einst auf die Moorniederung hinab, die am Fuße der Südwestpfälzischen Hochfläche liegt – dort, wo sich heute der Stadtkern von Landstuhl befindet. Die Ruinen der Burganlage können besichtigt werden. In der Altstadt laden mittelalterliche Gassen zum Flanieren ein.

KARTE ▶ C2

Was: Stadtrundgang und Burg Nanstein
Wo: Landstuhl
Wann: ganzjährig, Burg: Jan.–März u. Okt.–Nov., Di–So 10–16 Uhr, April–Sept. 9–18 Uhr
Wie viel: Burg: 2,10 €, Kinder 0,70 €
Essen & Trinken: Schlosshotel, Burgweg 10, 66849 Landstuhl, Tel. 0 63 71/ 9 21 40
Web: www.landstuhl.de, www.schlosshotel-landstuhl.de
Sonstiges: Tourist-Info, Alte Rentei, Kirchenstr. 41, 66849 Landstuhl, Tel. 0 63 71/49 53 11

TIPP 25

HOMBURG
Schlossberghöhlen und Römermuseum

Von Römern und Sandmännern

Die Heimat des Sandmännchens befindet sich im Inneren des Schlossberges der Stadt Homburg. Das und noch viel mehr kann man bei einem Besuch in den Schlossberghöhlen erfahren. Von hier, den größten Buntsandsteinhöhlen Europas, zogen früher die Sandmänner aus, um die Hausfrauen der umliegenden Dörfer mit Scheuersand zu versorgen. Und – wer weiß? – vielleicht auch, um den Kindern Sand in die Augen zu streuen. Fest steht, dass in dem völlig unterhöhlten Buntsandsteinmassiv des Homburger Schlossbergs Quarzsand abgebaut wurde, der vor allem zur Herstellung von Glas diente. Noch im 18. Jahrhundert wurde geschürft, danach gerieten die Höhlen bis zu ihrer zufälligen Wiederentdeckung im Jahre 1930 in Vergessenheit. Heute lassen sich die gut abgesicherten Gänge und Hallen bei einer Führung besuchen, die auch in den Teil führt, der nach dem Krieg als Schutzbunker der damaligen Saarregierung ausgemauert wurde.

Man kann sich kaum vorstellen, dass der zartgelb bis kräftigrot gefärbte Buntsandstein vor etwa 250 Millionen Jahren entstanden ist. An den Wänden und Decken der geheimnisvollen unterirdischen Grotten sind an vielen Stellen noch sogenannte Rippelmarken zu erkennen – wellenartige Einkerbungen, wie man sie auch im feinen Sand des Meeresstrands sehen kann. Die »Wasserzeichen« der Homburger Schlossberghöhlen zeugen noch heute davon, dass die Region vor Jahrmillionen von Wasser bedeckt war.

Von all dem ahnte Herzog Karl II. August von Pfalz-Zweibrücken wohl nichts, als er 1777 auf dem Schlossberg seine Residenz erbauen ließ: Schloss Karlsberg, damals eines der größten Lustschlösser Europas. Architektur und Ausstattung waren vom Feinsten, was das barocke Europa zu bieten hatte. Freiherr Adolf von Knigge – der Namenspatron der guten Manieren – rühmte Ende des 18. Jahrhunderts die verschwenderische Pracht der herzoglichen Residenz. Vom einstigen Glanz haben sich lediglich die Grundmauern erhalten, da das Schloss während der Französischen Revolution geplündert und in nur drei Jahren komplett zerstört wurde.

Lange vor den Pfälzern, Franzosen und Saarländern haben in und um Homburg die Römer gelebt. An der

KARTE ▶ B3

Was: Schlossberghöhlen, Schloss Karlsberg, Römermuseum
Wo: Homburg, Schwarzenacker
Wann: Höhlen u. Museum: April–Okt. tgl. 9–17 Uhr, Nov./Feb./März 10–16 Uhr
Wie viel: Höhlen: 5 €, Kinder bis 16 J. 3 €; Museum: 3 €, Kinder 2 €
Essen & Trinken: Schlossberg-Hotel Homburg, Tel. 0 68 41/66 60
Web: www.roemermuseum-schwarzenacker.de, www.homburg.de, www.schloss-karlsberg.de, www.schlossberghotel-homburg.de

Handelsstraße zwischen Trier, Straßburg und Metz unterhielten sie eine florierende Handelsstadt; das haben die Ausgrabungen in Homburg-Schwarzenacker ans Licht gebracht. Das dortige Römermuseum präsentiert Fundstücke aus der unter Kaiser Augustus gegründeten Siedlung und zeigt, wie die Menschen vor 2000 Jahren lebten. Auf dem Ausgrabungsgelände hinter dem Museumsbau kann man einen Spaziergang durch die Geschichte machen und dabei eine Herberge für Handelsreisende, eine Töpferwerkstatt, eine Bäckerei, die »Dorfkneipe« und die Praxis eines römischen Augenarztes besichtigen.

Mit seinen freigelegten und zum Teil rekonstruierten Häusern und Straßen vermittelt das Freilichtmuseum nicht nur das lebendige Bild eines gallorömischen Handels- und Verwaltungszentrums, sondern gibt auch Einblicke in die römische Vergangenheit der Region Pfälzerwald-Nordvogesen.

Die Römer liebten es bunt: Im Römermuseum Schwarzenacker wird Geschichte zu neuem Leben erweckt.

Auf den Spuren der Sickinger ...

... radelt man durchs Sickinger Mühlenland von Ramstein-Miesenbach über Landstuhl und Weselberg bis Thaleischweiler-Fröschen. Der Sickinger Mühlenradweg ist eine abwechslungsreiche Premium-Radtour der Westpfalz. Über die Sickinger Höhe fährt man in die Tiefen des Pfälzerwaldes und erlebt dabei die unterschiedlichsten Landschaftsformen. Felder, Wiesen und Wälder wechseln sich ab, von den Höhenzügen bieten sich fantastische Fernsichten und in den Tälern scheinen urwaldähnliche Wälder die Jahrtausende unverändert überstanden zu haben. Zunächst führt der Radweg durch die Moorniederung zwischen Ramstein und Landstuhl, vorbei an der größten US-Airbase in Deutschland. In Landstuhl empfiehlt sich ein Schlenker über Burg Nanstein – der Ausblick entschädigt für den steilen Anstieg. Hinter der Burg erreicht man kurz vor Bann erneut den blau beschilderten Sickinger Mühlenradweg. Nach etwa 10 km teils beschwerlicher Bergetappe geht es steil hinab ins Schauertal zur Weihermühle, einem einsam gelegenen, familienfreundlichen Gasthof. Flach verläuft der Weg nun weiter bis zum Zielort, von dem ein 5 km langer Wanderweg zur Burgruine Steinenschloss führt.

Im Wallhalbtal, am Rande der schäumenden Wallhalb, gibt es viele Mühlen und herrliche Wandermöglichkeiten.

Reichsritter Franz von Sickingen grüßt die Besucher auf Burg Nanstein.

KARTE ▶ C3

Was: Sickinger Mühlenradweg
Wo: Ramstein-Miesenbach bis Thaleischweiler-Fröschen
Wann: ganzjährig
Wie lang: 42 km, ca. 5 Std.
Essen & Trinken: Landgasthof Weihermühle, 66987 Weihermühle, Tel. 0 63 34/ 55 84
Web: www.radwanderland.de, www.suedwestpfalz-touristik.de, www.landgasthof-weihermuehle.de
Sonstiges: Kartenmaterial »Radwege in der Südwestpfalz« gibt's kostenlos in den Tourist-Infos.

Herrliche Greens locken Golfer in den Pfälzerwald und nach Lothringen.

Grün, so weit das Auge reicht

Die Westpfalz lockt Freunde des grünen Sports mit herrlich gelegenen Golfplätzen. Ob 9- oder 18-Loch-Parcours, 6-Loch-Kurzplatz, Golfschule oder Zubehörshop – all das gibt's vor Ort. Bei Maßweiler befindet sich der 18-Loch-Parcours (Par 70) Hitscherhof des 1. Golfclubs Westpfalz-Schwarzbachtal. Gäste sind herzlich willkommen; Turniere finden regelmäßig statt. Auf dem Grand Kindelberg liegt der Golfclub Bitche in Sichtweite der Zitadelle. Die Anlage (27 Loch, Par 72) ist für Golfer aller Stufen geeignet. Der Golfclub Pfälzerwald betreibt bei Waldfischbach einen 18-Loch-Meisterschaftsplatz (Par 72), zu dem auch ein öffentlicher Kurzplatz und eine Driving Range gehören. Natur pur bietet auch dieser Platz, der in eine leicht hügelige Tallandschaft eingebettet ist. Zwischen den Bahnen 9 und 18 nisten Störche und in den Wasserhindernissen haben Kröten und Lurche eine Heimat gefunden.

KARTE ▶ C3

Was: Golfplätze in Pfälzerwald und Nordvogesen
Wo: Hitscherhof, Rieschweiler-Mühlbach, Tel. 0 63 36/64 42; Bitche, Tel. 00 33/(0)3 87 96 15 30; Waldfischbach-Burgalben, Tel. 0 63 33/27 96 03
Wie viel: Greenfee, jeweils für 18 Loch: Hitscherhof und Waldfischbach: Mo–Fr 40 €, Sa/So/Feiertag 55 €; Bitche: Mo–Fr 40 €, Schüler 19 €, Sa/So/Feiertag 56 €, Schüler 30 €
Essen & Trinken: Alle Clubhäuser bieten lokale Spezialitäten an.
Web: www.gcwestpfalz.de, www.golf-bitche.com, www.gc-pfaelzerwald.de

Prächtiges Domizil im Exil

Gar nicht so schlecht fürs Leben im Exil – das wird Polenkönig Stanislaus I. Leszczyński vielleicht gedacht haben, als er das kleine, von weiten Wiesen und dichten Wäldern umgebene Tal am Ehrbrunnen zum ersten Mal erblickte. Hier ließ er sich ein Lustschloss im türkischen Stil errichten, dem er den Namen »Tschifflick« – türkisch für Landhaus – gab. Zwischen 1714 und 1719, während in Polen große Unruhen herrschten, hielt sich Stanislaus in Zweibrücken auf. König Karl XII. von Schweden, der gleichzeitig auch Herzog von Pfalz-Zweibrücken war, hatte dem aus seiner Heimat vertriebenen König und dessen Familie Asyl gewährt. Der polnische Lebemann genoss es und feierte in dieser idyllischen Abgeschiedenheit so manches große Fest. Als seine Bemühungen, Tochter Maria mit Ludwig XV. von Frankreich zu vermählen, erfolgreich endeten, siedelte Stanislaus nach Frankreich über.

Anders gearteten Tumulten entfliehen heutzutage Gäste, die zur Erholung in die herzogliche Parkanlage am Rande der zwei Spiegelteiche reisen. Ein hübscher Wildrosengarten lädt zum Wandeln ein, Spielgeräte verzücken die Kleinen und im Wassertretbecken wird die Durchblutung der Beine gefördert. Wer mehr Bewegung sucht, findet im Nordic-Walking-Park und auf den zahlreichen Wanderwegen sein Glück.

Feinschmecker strömen zum Schlemmen nach Zweibrücken. Die Gren-

Im barocken Ambiente des Restaurants Tschifflik speist man höchst stilvoll.

KARTE ▸ B3

Was: Tschifflick, Landschloss Fasanerie, Wildrosengarten und barocke Spiegelteichanlage
Wo: Zweibrücken
Wann: ganzjährig
Wie viel: Wildrosengarten: Eintritt frei, geführter Rundgang 4 €
Essen & Trinken: Landschloss Fasanerie, Fasanerie 1, 66482 Zweibrücken, Tel. 0 63 32/97 30
Web: www.landschloss-fasanerie.de, www.zweibruecken.de
Sonstiges: Erlebnisführungen können über die Tourist-Info, Herzogstr. 1, 66482 Zweibrücken, Tel. 0 63 32/87 14 51 gebucht werden.

Ein fürstliches Vergnügen: Lustwandeln in der historischen Gartenanlage der Fasanerie.

ze zum Elsass ist nicht weit und der französische Einfluss wird in den Restaurants des Romantik-Hotels »Landschloss Fasanerie« spür- und schmeckbar. Kein Wunder – Küchenchef Jörg Glauben stammt aus dem Grenzland von Pfalz, Saarland, Elsass und Lothringen. Er hat erfolgreich über den Tellerrand geschaut und gekonnt unterschiedlichste Einflüsse miteinander vereint. Mediterrane Köstlichkeiten bietet die lichtdurchflutete »Orangerie«, heimische, bodenständige Spezialitäten stehen im »Landhaus« auf der Karte und für Gourmet-Erlebnisse sorgt das »Tschifflik«, benannt in Anlehnung an das einstige Domizil von König Stanislaus. Abseits von Lärm und Hektik sitzt man bei Sonnenschein auf der Gartenterrasse, unter Linden im Biergarten, im Wintergarten oder im edlen Ambiente des Gourmetrestaurants am knisternden Kamin. Über Letzterem glänzen zahlreiche Auszeichnungen, darunter ein »Stern« des »Guide Michelin«, fünf »Kochlöffel« vom Aral-Schlemmer-Atlas sowie 18 »Hauben« des »Gault Millau« für höchste Kreativität und Qualität sowie bestmögliche Zubereitung.

> Mehr über das Gelände und seine Geschichte erfährt man bei einem geführten Rundgang, den die Gästeführer der Stadt Zweibrücken an jedem dritten Sonntag im Monat anbieten, auf Anfrage auch an anderen Terminen.

Rosige Zeiten für Nase und Gaumen

Charmant »verzählt« Kammerzofe Marie auf Pfälzisch ihre Anekdoten: von Liebschaften, Intrigen und Skandalen um Herzog Christian IV. von Pfalz-Zweibrücken. An den Tatorten des Geschehens – Stadtschloss, Herzogvorstadt und Alexanderkirche – verweilt sie kurz, trifft hier einen Barden, der ein Ständchen trällert, und dort einen Kutscher, der uns im Planwagen zur kulinarischen Stadtführung mitnimmt. Im Trab geht es entlang der baumbestandenen Gestütsallee zur Rennbahn und weiter am Rosengarten vorbei, dessen süße Aromen zu uns herüberwehen, zu einem Gasthof. Das Besondere: Vorspeise, Hauptgang und Dessert – alle nach Originalrezepten des Barock zubereitet – nehmen wir in drei verschiedenen Gasthäusern ein. Die präsentieren sich zwar nicht alle gleichermaßen stilvoll, aber dafür entschädigen uns die hübsche Tracht der herzoglichen Dienerin und ihre interessanten Geschichten. Danach empfiehlt sich ein Verdauungsspaziergang im Rosengarten, einer der schönsten Anlagen dieser Art in Europa mit einer unglaublichen Vielfalt an herrlich duftenden Rosen. Im Juni stehen sie in voller Blüte. Zu dieser Zeit sind Besuche im Rosengarten und im 2,5 km entfernten Wildrosengarten am Landschloss Fasanerie besonders lohnenswert. Weitere Erlebnisführungen bieten die Gästeführer der Stadt Zweibrücken an.

Ein Fest für die Sinne: der Zweibrücker Rosengarten.

KARTE ▶ B3

Was: Kulinarischer Stadtrundgang und Lustwandeln im Rosengarten
Wo: Zweibrücken
Wann: Frühjahr bis Herbst, 18–22 Uhr; Anmeldung: Tourist-Info, Herzogstr. 1, Tel. 0 63 32/87 14 51
Wie viel: Stadtführung: 44 € inkl. 3-Gänge-Menü, Wein und Wasser; Rosengarten: 4 €, Ermäßigungen s. Web
Web: www.zweibruecken.de
Sonstiges: Wer lieber individuell unterwegs ist, erhält bei der Touristeninformation einen Stadtplan mit Routenvorschlag und Übersicht über Einkehrmöglichkeiten.

Shop till you drop

Die Shopping-Malls haben manchmal auch sonntags geöffnet.

Strenesse, Versace, Lacoste, Aigner, Burberry, Marc O'Polo, Mandarina Duck, Kennel & Schmenger, The Body Shop, Calvin Klein Underwear ... Das sind nur einige der über hundert hochwertigen Hersteller, die im Outlet in Zweibrücken reduzierte Artikel zum Verkauf anbieten. Und es lohnt sich: Bis zu 70 % günstiger als im regulären Verkauf lassen sich die Waren erstehen. Und dabei ist so gut wie alles von höchster Qualität und aus aktuellen Kollektionen. Das hat sich herumgesprochen: Das Publikum strömt zu Hunderttausenden in die attraktiv gestalteten Ladenzeilen. Am Wochenende ist es oft schwer, einen Parkplatz zu erwischen; schon ab 10 Uhr morgens wird es voll, gerade an Tagen mit verlängerten Ladenöffnungszeiten oder an verkaufsoffenen Sonntagen (Infos hierzu gibt's im Internet). Ein Blick auf den Parkplatz beweist: Das Einzugsgebiet reicht weit in die Rheinebene und in die angrenzenden Länder hinein – manch einer kommt sogar aus dem fernen Ausland und landet direkt nebenan auf dem Flughafen Zweibrücken. Schließlich kann man hier echte Schnäppchen machen ...

> Kinder fühlen sich im nahe gelegenen Indoor-Spielparadies neben der Eishalle sehr wohl und können dort auch betreut verweilen, während die Eltern shoppen gehen (→ Tipp 31/S. 56).

KARTE ▶ B3

Was: Shopping-Center »The Style Outlets«
Wo: Londoner Bogen 10–90, 66482 Zweibrücken, direkt an der A 8
Wann: Mo–Sa 10–19 Uhr, verkaufsoffene Sonntage 13–18 Uhr (siehe Web), Tel. 0 63 32/9 93 90
Wie viel: Das hängt von Ihnen ab ...
Essen & Trinken: Die Kornkammer, Truppacher Hof 3, 66497 Contwig, Di–Sa ab 17 Uhr, So/Feiertag ab 11 Uhr, Tel. 0 63 32/53 33
Web: www.thestyleoutlets.de, www.truppacherhof.de

Hauptsache, in Aktion

Wer den Puck ins Tor schießen oder Pirouetten drehen will, ist auf der Eisfläche der Zweibrücker Ice-Arena genau richtig. Die Existenz der Eissport- und Eislaufhalle ist den Kanadiern zu verdanken, die sie 1956 für die hier stationierten Soldaten ihrer Luftwaffe bauen ließen. Heute finden in der großen Halle Eishockeyspiele, Trainingssessions, öffentliche Eislaufnachmittage und Discos auf dem Eis statt. Das Tragen von Handschuhen und Helmen sollte selbstverständlich sein. Direkt neben dem Eissportzentrum gibt es einen Indoor-Spielpark für Kinder und Jugendliche; eine Bowlingbahn gehört ebenso zur Ausstattung wie ein Spielehaus mit großem Hüpf-, Kletter-, Rutsch- und Schwingangebot. Unweit davon befindet sich das »Camp 4«-Indoor-Kletterzentrum, das sportliche Kletterer vom Anfänger bis zum Profi anspricht. Unter fachkundiger Anleitung wagen viele die ersten Schritte und Griffe an den Wänden oder im Boulderraum, finden Gefallen daran und kommen wieder. Die benötigte Ausrüstung kann ausgeliehen werden, bequeme Sportkleidung eignet sich am besten fürs Klettererlebnis. Eine vorherige Anmeldung wird dringend empfohlen und ist unabdingbar für Anfänger bzw. wenn Trainingszeiten abgesprochen werden müssen. Kinder sind herzlich willkommen, auch Geburtstagsfeiern werden ausgerichtet.

KARTE ▶ B3

Was: Eissporthalle, Indoor-Spielpark und Kletterzentrum
Wo: 66482 Zweibrücken; Ice-Arena: Flugplatzgebäude 70; Camp 4: Pariser Str. 24
Wann: Ice-Arena: Nov.–März, Öffnungszeiten s. Web, Tel. 0 63 32/48 77 67; Camp 4: Mo–Fr 14–23 Uhr, Sa 10–23 Uhr, So 10–21 Uhr, Tel. 0 63 32/48 13 69
Wie viel: Ice-Arena: 4,50 €, erm. 3,50 €, Schlittschuhverleih: 3,50 €; Camp 4: 9,50 €, Kinder 4 €
Web: www.ice-arena.de, www.campvier.de

Einfach abheben

Wie ein Vogel über die Wipfel des Pfälzerwalds schweben, hinweg über Burgruinen und Felsentürme, dem Verlauf von Wasserwegen oder Tälern folgend bis hinein in die Nordvogesen, die Ebenen des Saarlands oder ins Weinland der Vorderpfalz – wer träumt nicht davon? Den besten Überblick über die Vielfalt der Region erhält man bei einer Ballonfahrt, mit dem Gleitschirm oder im Flugzeug. Ob Motorsegler, Kleinflugzeug, Helikopter oder Fallschirm – alles hat seinen eigenen Reiz. Große Runden dreht man im Flugzeug. Wer gerne mal in ein Tal hinabtaucht, ist im Hubschrauber richtig. Der Wind bestimmt die Richtung der Ballonfahrt und Adrenalinjunkies erhalten beim Fallschirmsprung allein oder im Tandem den gewünschten Kick. Abheben ist z. B. vom Flughafen Zweibrücken möglich. Startpunkte für geübte Gleitschirmflieger liegen bei Annweiler und Neustadt (Infos bei den Touristikbüros). Flüge im Motor-, Segel- oder Ultraleichtflugzeug übers Saarland, Bitscherland und die Pfalz starten auch vom Flugplatz Pottschütthöhe bei Rieschweiler-Mühlbach – hier findet alljährlich im August eine Flugschau statt. Die Betreiber des kleinen Flugplatzes bei Bundenthal-Rumbach im Dahner Felsenland bieten ebenfalls günstige Rundflüge an.

KARTE ▶ B3

Was: Rundflug, Ballonfahrt, Fallschirmspringen
Wo: Flugschule Zweibrücken: Tel. 0 63 32/48 03 23; Aeroclub Pirmasens in Rieschweiler-Mühlbach: Tel 0 63 36/62 66; Flugsportverein Bundenthal-Rumbach: Tel. 0 63 94/13 59
Wann: ganzjährig
Wie viel: s. Web
Essen & Trinken: Bistros befinden sich an den Flugplätzen u. Landebahnen.
Web: www.falzw.de, www.aero-club-pirmasens.de, www.flughafen-zweibruecken.de

Traumstrecke für Biker und Skater

Auf der Trasse der ehemaligen Bliestal-Eisenbahnstrecke kann man ohne Steigung von Ort zu Ort bis nach Frankreich radeln, immer dem Verlauf der Blies folgend. Ab Zweibrücken führt die Südpfalz-Tour nach Bierbach über den Glan-Blies-Radweg nach Lautzkirchen, wo der eigentliche Bliestal-Radweg beginnt. Nun befindet man sich auf dem Bahndamm – eine herrliche Auen- und Wiesenlandschaft liegt zu Füßen. Die Weiher und Feuchtgebiete im Biosphärenreservat Bliesgau bieten vielen bedrohten Tier- und Pflanzenarten ein Refugium. Der durchgehend geteerte, etwa 3 m breite Weg eignet sich auch für Spaziergänge und zum Inlineskaten. In Blieskastel sollte Zeit für eine Pause sein; die Häuser und Kirchen der Stadt verfügen über herrliche Barockfassaden und -interieurs. An der deutsch-französischen Grenze endet die Radtour. Hier wartet der Europäische Kulturpark Bliesbruck-Reinheim mit Funden aus dem Grab einer keltischen Fürstin, einer römischen Villa und stattlichen Thermen. Rekonstruktionen eines keltischen Dorfs oder römischer Handwerksbetriebe, darunter Töpferwerkstatt, Bäckerei und Mühle, zeigen, wie die Bewohner vor 2000 Jahren lebten. Auch Sonderveranstaltungen wie Schaukämpfe von Gladiatoren oder keltischen Kriegern lassen Geschichte lebendig werden.

Auf dem Bahndamm geht es durch den Bliesgau.

KARTE ▶ B3

Was: Radtour zu Barockstadt und Kulturpark
Wo: Zweibrücken–Blieskastel–Gersheim-Reinheim
Wann: Kulturpark: 15. März–Okt. tgl. 10–18 Uhr, Tel. 0 68 43/90 02 11
Wie lange: Radtour: ca. 20 km, 2,5 Std.
Wie viel: Kulturpark: 5 €, erm. 3,50 €, Kinder bis 16 Jahre frei
Essen & Trinken: viele Einkehrmöglichkeiten direkt an der Radtrasse
Web: www.europaeischer-kulturpark.de, www.blieskastel.de, www.saarpfalz-kreis.de, www.biosphaere-bliesgau.eu

Wer sich traut, kann dem Geheimnis der Bärenhöhle auf den Grund gehen.

Wenn Steine sprechen könnten ...

Zehn Felsen liegen an seiner Strecke, 45 km misst er – der Felsenwanderweg, der rund um den Ort Rodalben führt. Zu viel also, um ihn an einem Tag zu bewältigen. Tagestouren können variabel gestaltet werden, denn jeder Teilabschnitt hat seinen besonderen Reiz und der Abstieg ins Dorf ist von vielen Stellen möglich. Zu den Höhepunkten zählen »Bruderfelsen« und »Bärenhöhle«, die größte natürliche Felsenhöhle der Pfalz. Mit 40 m Tiefe und einem unterirdischen Teich, in den ein kleiner Wasserfall läuft, ist sie sehr beeindruckend. Früher sollen sich hier Bären aufgehalten haben, ein hölzerner Gevatter erinnert daran. Nördlich von Rodalben sieht man schon von Weitem den »Kanzelfelsen« – eine Aussichtsplattform, von der aus man den ganzen Ort und das Tal der Rodalb überblickt. Es ist ratsam, eine gute Wanderkarte mitzuführen; eine Übersicht über den Verlauf des Weges und Tourenvorschläge erhält man im Verkehrsbüro oder im Internet. Die Routen sind gut ausgeschildert und durchgängig mit einem F markiert. Festes Schuhwerk ist zu empfehlen, denn oft geht es auf schmalen Pfaden oder am Hang entlang.

KARTE ▶ C3

Was: Wanderung zu Bruderfelsen, Bärenhöhle und Kanzelfelsen
Wo: Rodalben
Wann: ganzjährig, nicht bei Glatteis
Essen & Trinken: Zum grünen Kranz, Pirmasenser Str. 2, 66976 Rodalben, Tel. 0 63 31/2 31 70, tgl. 11–14 und ab 17 Uhr, Di ab 17 Uhr, Do geschl.
Web: www.felsenwanderweg.de, www.rodalben.de, www.boldskranz.de
Sonstiges: Tourist-Info Gräfensteiner Land, Am Rathaus 9, 66976 Rodalben, Tel. 0 63 31/23 41 80

Ein Kinderspiel

»Indoor« lautet das neudeutsche Zauberwort für Spielen und Toben bei jedem Wetter und zu jeder Jahreszeit – man bleibt im Inneren, also im Trockenen und Warmen. Um die Dreikäsehoch und ihren Anhang unabhängig von klimatischen Verhältnissen glücklich zu machen, stehen in großen, beheizten Hallen bunte Spielgeräte für jeden Geschmack bereit: Klettergerüste, Trampolins, Spielhäuser, Labyrinthe, aufgeblasene Ritterburgen, Kletterwände, Tischfußballanlagen, Megarutschen, Elektroautos oder Gokart-Parcours. Auch für die ganz Kleinen ist eine Spielecke dabei, oft inklusive kleiner Rutschen, Häuschen, Sandkasten oder Bällchenbad. Im Bistro kann die weniger verspielte Begleitung verweilen und sich auch mit Speis und Trank versorgen. Theoretisch sind die Indoor-Spielhallen für jedes Alter offen, in der Praxis begeistern sie jedoch vor allem die Altersgruppe zwischen 3 und 13 Jahren. »Dschungelino«, »Regenbogen-Kinderhaus«, »Super-Dubber-Kinderland« oder »Meer 4 Kids« heißen die Spielwelten in Rodalben, Pirmasens, Dahn und Offenbach bei Landau.

Wer lieber an die frische Luft geht, sollte in der Weihermühle bei Thaleischweiler (Hüpfburg, Ponyreiten, Elektroautos) oder am Gimbelhof (Ritterspielplatz im Wald) vorbeischauen. In Hinterweidenthal entstand 2009 ein neuer Abenteuerspielpark mit Megarutsche und Robinie am Teufelstisch. Der schöne,

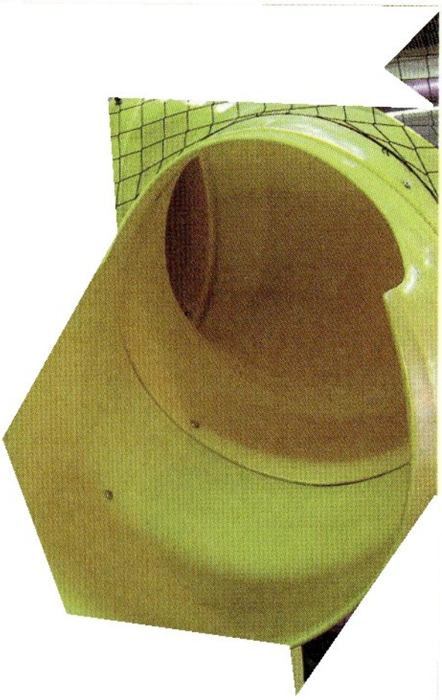

Was dieser Rutschtunnel wohl im Inneren verbirgt?

KARTE ▶ C3

Was: Indoor-Spielwiesen und Abenteuerspielplätze in der Region
Wo: Dschungelino, Neuhofstr. 1a in Rodalben, Tel. 0 63 31/1 45 33 50; Regenbogen-Kinderhaus, Erlenbrunner Str. 51 in Pirmasens, Tel. 0 63 31/6 08 00 52; Super!Dubber, Gewerbepark Neudahn 1, Dahn, Tel. 0 63 91/91 09 30; Meer 4 Kids, Am Schwimmbad 2, Offenbach bei Landau, Tel. 0 63 48/98 45 90; Didiland, Route de Gunstett 1, Morsbronn-les-Bains, Tel. 00 33/(0)3 88 09 46 46; Freiluftspielplätze in Hinterweidenthal, Weihermühle und Gimbelhof

Wichtiger Tipp: Socken nicht vergessen, am besten welche mit rutschfester Sohle. Für die Spielzonen aller Indoor-Anbieter gilt: »Schuhe ausziehen« und »barfuß spielen verboten!«

klassische Waldspielplatz auf dem Weg zum Rohrwoog ist ebenfalls einen Besuch wert. Minis bis etwa 9 Jahre werden vom Didiland, einem Abenteuerpark mit vielen Fahrgeschäften, im französischen Morsbronn absolut begeistert sein. Alle Einrichtungen sind hier voll auf die Bedürfnisse der kleinsten Gäste eingestellt und auf ihre Sicherheit bedacht: Vom Bummelzug über die Mini-Achterbahn bis zum Rafting ist alles im Mini-Format dabei.

Wann: alle Indoorspielzentren ganzjährig, außerhalb der Ferien meistens Mo–Fr 14–18.30 Uhr, Sa/So/Feiertag 10–18.30 Uhr; Didiland tgl. 10–17.30 Uhr
Wie viel: unterschiedliche Eintrittspreise, s. Web
Essen & Trinken: In der Nähe bzw. im Spielzentrum aller hier genannten Orte befinden sich Gaststätten oder Bistros, außer am Waldspielplatz Rohrwoog bei Hinterweidenthal.
Web: www.dschungelino.de, www.regenbogen-spielhaus.de, www.superdubber.de, www.meer4kids.de, www.didiland.fr

KAISERSLAUTERN
Besuch im Fußballstadion und im Wildpark

Wenn die »roten Teufel« spielen, tobt der Betze.

Tor, Tor, Tor!

Am spannendsten ist ein Besuch auf dem Betzenberg an einem Spieltag des 1. FC Kaiserslautern. Dann strömen Tausende FCK-Fans mit roten Schals und Fahnen ins Fritz-Walter-Stadion. Der Traditionsverein hat treue Anhänger, deren Enthusiasmus selbst dann nicht nachlässt, wenn die »roten Teufel« eine Pechsträhne haben. Solche Phasen gehen vorüber – schließlich waren beim »Wunder von Bern« 1954 fünf Spieler von Lautern dabei, als die deutsche Nationalelf unverhofft Weltmeister wurde. Zur Fußball-WM 2006 wurde das Stadion auf dem »Betze« erweitert und bietet nun 48 500 Zuschauern Platz. Auf Führungen und im Museum erfährt man Interessantes über Stadion und Verein. Wer's ruhiger mag, dem sei der nahe gelegene Wildpark Betzenberg empfohlen. Er gibt den früher im Pfälzerwald lebenden Wildtieren, darunter Luchs, Tarpan, Wisent und Auerochse, eine neue Heimat. Stets kostenlos zugänglich, eignet er sich sehr gut für den Besuch mit Kindern.

KARTE ▸ C2

Was: Stadion des 1. FCK und Wildpark
Wo: 67663 Kaiserslautern-Betzenberg, Stadion: Fritz-Walter-Str. 1, Tel. 0 18 05/31 88 00; Wildpark: Zugang am St.-Quentin-Ring
Wann: ganzjährig
Wie viel: Stadion: Führungen ab 6 €, Tickets für ein Spiel ab 11 €
Essen & Trinken: Vereins- und Fanlokal FCK-Kiebitz, Fritz-Walter-Str. 2, Tel. 06 31/3 18 81 85
Web: www.fck.de, www.fckshop.de, www.kaiserslautern.de
Sonstiges: Im Stadion befindet sich ein Fanshop.

Besuch bei den Urzeitriesen

Riesige Saurier »leben« im Neumühlepark im Westen von Kaiserslautern, wo für die Landesgartenschau des Jahres 2000 Brachland in eine blühende Parklandschaft verwandelt wurde. Auch die Dinos sind damals hier eingezogen: Meterlang reckt sich der Hals des Seismosaurus über den Spazierweg, furchteinflößend öffnet der Tyrannosaurus Rex sein riesiges Maul. Lebensgroß sind die Urzeitwesen dargestellt; Tafeln erläutern ihren Lebensraum und ihre Lebensgewohnheiten. Die Saurier-, Blumen- und Gartenausstellung begeistert Erwachsene und Kinder. Die Kleinen lassen sich gerne im bunten Saurier-Bollerwagen durch den Park ziehen oder tollen auf dem Abenteuerspielplatz mit Megarutschen, Klang-Labyrinth und Klettertürmen herum. Ihre größeren Geschwister können Beach-Volleyball, Fußball und Basketball spielen oder durch den Skatepark rollen. Vom Kaiserberg hat man einen schönen Rundblick über den Park, in dem je nach Saison Tulpen, Astern oder Kürbisse wachsen. Gleich nebenan liegt der Japanische Garten, die größte Anlage dieser Art in Deutschland, in der man in eine fernöstliche Welt und Lebenskultur eintauchen kann. Ruhe strahlen die Kies-, Wasser- und Grasflächen mit altem Baumbestand, kleinen Pagoden und dem original japanischen Gästehaus aus – ein Ort zum Auftanken, mitten in der Stadt.

Mit naturgetreuen Sauriern erklärt der Dino-Lehrpfad die Welt der Riesenechsen.

KARTE ▶ C2

Was & wo: Gartenschau: Lauterstr., Tel. 06 31/71 00 70; Japanischer Garten: Lauterstr. 18, Tel. 06 31/3 70 66 00
Wann: Gartenschau: Apr.–Okt. Mo–Fr 9–19, Sa/So 10–19 Uhr; Jap. Garten: Mai/Okt. tgl. 10–18, Juni–Sept. 10–19 Uhr
Wie viel: Gartenschau: 6 €, Kinder (6–16 J.) 3 €; Jap. Garten: 3,50 €, Kinder (12–17 J.) 1 €
Essen & Trinken: Restaurant Casimir, Forellenstr. 6, Tel. 06 31/3 70 97 03
Web: www.gartenschau-kl.de, www.japanischergarten.de, www.casimir-restaurant.de

Sommer in der Südpfalz

Spritzige Abkühlung verspricht der Badeweiher Gelterswoog.

Der Stausee Gelterswoog südlich von Kaiserslautern ist das Sommerziel schlechthin für hitzegeplagte Lautrer. Dann aalen sich Badegäste am Ufer des Strandbads, Bootsfreunde paddeln auf dem See und Familien campen auf dem Gelterswoog-Campingplatz. Das Naherholungsgebiet bietet jedoch zu jeder Jahreszeit herrliche Wanderwege, Radrouten, Nordic-Walking-Pfade und einen Naturerlebnisweg rund um den See und in die Nachbartäler. Hier, angrenzend an den rund 7 Hektar großen Stauweiher mit Verlandungszone, liegt das Naturschutzgebiet Gelterswoog mit dem Walkmühltal, dem Kolbenwoog und umliegenden Feuchtgebieten. Viele seltene Tier- und Pflanzenarten konnten in diesem Landstrich überleben. Außerhalb der Badesaison herrscht herrliche Ruhe. Etwa drei Kilometer nördlich des Sees liegt Hohenecken, einer der eingemeindeten Vororte von Kaiserslautern. Über dem Ortskern steht auf dem Schlossberg die Ruine Hohenecken. Die Mauerreste der vor etwa 800 Jahren erbauten Burganlage können jederzeit kostenlos besichtigt werden. Allein wegen des herrlichen Blicks lohnt der 15-minütige Aufstieg, bei dem man auch an Pfarrkirche und Rochuskapelle vorbeikommt.

KARTE ▸ C2

Was: Strandbad Gelterswoog, Naturschutzgebiet, Ruine Hohenecken
Wo: Kaiserslautern-Hohenecken
Wann: ganzjährig; Strandbad: Mitte April–Mitte Sept. tgl. 9–20 Uhr, Mo ab 12 Uhr, Tel. 06 31/3 50 35 99
Wie viel: Strandbad: 2 €, Kinder 1 €
Essen & Trinken: Seehotel, Am Gelterswoog 20, Tel. 06 31/3 53 00; Burgschänke, Schlossstr. 1, Hohenecken, Tel. 06 31/5 60 41
Web: www.kaiserslautern.de, www.kaiserslautern-kreis.de, www.seehotel-gelterswoog.de, www.burgschaenke-kl.de

Fässer und Feste ...

... gibt es in Bad Dürkheim gleich mehrfach. Am lebhaftesten präsentiert sich die Kurstadt am Fuße des Pfälzerwaldes, wenn der Wurstmarkt abgehalten wird, das angeblich größte Weinfest der Welt. Eigentlich hat es mehr von einem Volksfest mit Kirmes als von einem gemütlichen Weinfestchen – beliebt und erlebenswert ist es nichtsdestotrotz. Das ganze Jahr zieht es Kurgäste und Besucher ins Freizeitbad »Salinarium«, den hübschen Kurpark, die Spielbank und den verkehrsberuhigten Innenstadtbereich. Die 2007 bei einem Feuer zerstörte Saline, das zweitlängste Freiluftinhalatorium Deutschlands, dient nach ihrer Instandsetzung wieder atemtherapeutischen Zwecken. Ins Guinness-Buch der Rekorde kam die Stadt, weil in ihr das größte Weinfass der Welt mit einem Fassungsvermögen von 1,7 Millionen Litern steht. Es wurde 1937 vom Dürkheimer Küfer Fritz Keller erschaffen – statt Wein befindet sich jedoch in seinem Inneren ein Weinlokal. Über der Stadt thronen gleich zwei geschichtsträchtige Gemäuer: die Reste der Hardenburg, einst eine der mächtigsten Burgbauten der Pfalz, und die Ruinen des Benediktinerklosters Limburg. Im Ortsteil Grethen klärt das Pfalzmuseum für Naturkunde – eine Einrichtung des Naturschutzvereins Pollichia – über Geologie, Flora und Fauna der Region auf.

Seit über 75 Jahren Weltrekord: das Dürkheimer Riesenfass.

KARTE ▶ E2

Was: Stadtrundgang, Hardenburg, Kloster Limburg, Naturkundemuseum
Wo: Bad Dürkheim
Wann: ganzjährig; Burg: April–Sept. Di–So 9–18 Uhr, Okt./Nov. u. Jan.–März 9–17 Uhr; Kloster: Nov.–März tgl. 9–17.30 Uhr, April–Okt. 9–20 Uhr; Museum: Di–So 10–17 Uhr, Mi 10–20 Uhr
Wie viel: Hardenburg: 2,10 €, Kinder 0,70 €; Museum: 2 €, erm. 1,30 €
Essen & Trinken: Dürkheimer Fass, St.-Michael-Allee 1, Tel. 0 63 22/21 43
Web: www.bad-duerkheim.com, www.pfalzmuseum.de, www.duerkheimer-fass.de

TIPP 40

WACHENHEIM
Besuch im Wild- und Erlebnispark

Wo die wilden Tiere wohnen

Die sonst scheuen Wölfe sind hier an Menschen gewöhnt.

So allerlei Wild streift durch die Wälder der Pfalz und Abenteuer kann man dort auch erleben. Beides beweist der Kurpfalz-Park bei Wachenheim, ein Wild-, Wander- und Erlebnispark inmitten lichter Laubwälder. Der Wanderer begegnet Dam-, Rot- und Sikawild in den großen Freigehegen, Wildschweine suhlen sich im schlammigen Boden, Ziegen, Hasen und Meerschweinchen warten im Streichelzoo auf Futter. Nur die Wölfe und Luchse wohnen hinter einem hohen Zaun. Von den fünf Wölfen ist Norbert der frechste, was man spätestens bei der Wolfsshow mit Fütterung erleben kann. Den Kopf ziehen Besucher bei der Greifvogelshow ein, wenn Adler, Geier, Falke, Bussard, Milan, Uhu oder Eule mit ihren riesigen Schwingen oft nur wenige Zentimeter über den Köpfen der Zuschauer hinwegschweben. Die Falkner führen zweimal am Tag ihre Künste bzw. die ihrer Schützlinge vor und liefern dazu spannende Anekdoten. Neben der Tierbeobachtung gibt es auch Action: Auf der Sommerrodelbahn, dem Schwebesessellift, in den Bumperboats oder Schwanentretbooten findet man Spaß und Abwechslung. Für Kleine und Große gibt es Rutschen, Hängebrücken, Piratenburg, Abenteuerspielplatz, Irrgarten, Restaurant, Picknick- und Grillplätze. Wer Lust auf ein wenig Kontrastprogramm hat, wird in der Rheinebene fündig. Am Rande der B 271 wurde eine »Villa Rustica« entdeckt: Die Reste des römischen Landgutes sind heute in Form eines Freilichtmuseums begehbar. Wer sich mehr fürs Mittelalter interessiert, den wird die am Berg gelegene Ruine der Wachtenburg begeistern.

KARTE ▶ E2

Was: Kurpfalzpark, Römervilla, Wachtenburg
Wo: Wachenheim
Wann: Villa Rustica, Wachtenburg u. Wildpark ganzjährig; Kurpfalzpark: April–Okt. tgl. ab 9 Uhr, Tel. 0 63 25/95 90 10
Wie viel: Kurpfalzpark: 13 €, Kinder (4–14 J.) 11 €; Villa Rustica und Wachtenburg: Eintritt frei
Web: www.kurpfalz-park.de, www.villa-rustica-wachenheim.de, www.wachtenburg.de, www.wachenheim.de
Essen & Trinken: Forsthaus Rotsteig am Kurpfalzpark, April–Okt. Di–So 10–19 Uhr, Tel. 0 63 25/95 90 20

Klein, aber fein

Gerade mal einundzwanzig Plätze bietet Anja Kleinhans' »Theader« im mittelalterlichen Casinoturm der südlichen Stadtmauer von Freinsheim. Die Gründerin und Hauptakteurin inszeniert gerne Solostücke oder solche mit wenigen Mitwirkenden – jedes Mal hautnah und von intensiver Unmittelbarkeit. Ein professionelles Team und interessantes Repertoire stehen immer auf dem Spielplan, so zum Beispiel das konfliktgeladene Dreipersonenstück »Messer in Hennen« von David Harrower oder »Das kunstseidene Mädchen« von Irmgard Keun. Im Sommer wird im Freien auf der Wiese vor dem Turm inszeniert, Kinderstücke stehen regelmäßig nachmittags auf dem Spielplan. Vor oder nach dem Kulturereignis sollte man sich auf keinen Fall den historischen Ortskern des hübschen Winzerörtchens Freinsheim entgehen lassen. Ein Rundgang führt an oder innerhalb der Stadtmauer entlang und in den vielen kleinen Gassen gibt es einiges zu entdecken. In den Winzerstuben und Restaurants kann man die köstlichen Weine probieren, die aus den Reben entstehen, die rund um das Örtchen in Reih und Glied Spalier stehen.

Das Theater im mittelalterlichen Stadtmauerturm bietet 21 Zuschauern Platz.

KARTE ▶ E2

Was: Theater im Casinoturm, Stadtmauerweg
Wo: Freinsheim
Wann: ganzjährig
Wie viel: 15 €, ermäßigt 12 €; Kinderstücke: 10 €, Kinder 7 €

Essen & Trinken: Hotel-Restaurant Luther, Hauptstr. 29, 67251 Freinsheim, Tel. 0 63 53/9 34 80
Web: www.theader.de, www.freinsheim.de, www.luther-freinsheim.de

Sonstiges: Theatervorstellungen finden ab 10 Personen statt, auf Anfrage auch außerhalb der offiziellen Spieltage (Reservierung Tel. 0 63 53/93 28 45).

Der eiserne Kern des Wilensteiner Lands

Hammerschläge und Walzgeräusche hört man im Karlstal schon lange nicht mehr. Kaum vorstellbar, dass sich in diesem stimmungsvollen Tal einst das Zentrum der Pfälzer Eisenhüttenindustrie befand. Im 18. und 19. Jahrhundert brachte die Eisengewinnung und -verarbeitung Trippstadt und dem Karlstal großen Wohlstand; heute informieren der bis ins Finsterbrunnental führende Eisenhüttenweg und das Eisenhüttenmuseum in Trippstadt über den längst ausgestorbenen Industriezweig. Holz für die Schmelzöfen stand in riesigen Mengen bereit, das Roherz baute man in der Umgebung ab, in Unter-, Mittel- und Oberhammer standen die Hütten.

Über Millionen von Jahren grub sich die Moosalb ins poröse Gestein und ließ eine wildromantische Schlucht entstehen, die ab der Klug'schen Mühle auf einem etwa einstündigen Spaziergang erkundet werden kann. Sonnenstrahlen fallen durchs lichte Blätterdach und tauchen das Karlstal in ein unwirkliches Licht. Gewaltige moosbewachsene Felsbrocken liegen am Boden. Rauschend und gluckernd umfließt sie der Bach und setzt seinen Lauf fort. Wanderer und Spaziergänger halten auf den Bänken Rast; hölzerne Brücken führen immer wieder von Ufer zu Ufer und öffnen stetig neue Perspektiven auf den Wildbach und die grandiose Landschaft. Am Ende der Schlucht erreicht man die Landstraße und kann nun in einer großen Runde über Trippstadt und die Burg Wilenstein zurück zur Klug'schen Mühle wandern.

KARTE ▶ D3

Was: Karlstalschlucht, Eisenhüttenweg und -museum, Trippstadter Schloss, Burg Wilenstein
Wo: Trippstadt
Wann: ganzjährig; Eisenhüttenmuseum: Mo–Fr 8–12 u. 14–16 Uhr
Wie lang: ca. 5 km, 2 Std.
Wie viel: Eintritt frei
Essen & Trinken: Klug'sche Mühle, Trippstadt-Karlstal, Tel. 0 63 06/3 12
Web: www.pfaelzerwald-touristik.de/trippstadt, www.klugsche-muehle.de
Sonstiges: Die Tourist-Info ist im Eisenhüttenmuseum untergebracht (Hauptstr. 26, 67705 Trippstadt, Tel. 0 63 06/3 41).

Bei der Wanderung durch die wildromantische Karlstalschlucht informieren die zwölf Stationen des Eisenhüttenwegs über die Metallgewinnung in der Region.

Die Stadt Trippstadt liegt gemütlich auf einem Hochplateau. Hier geht es ruhig zu und die wenigen Sehenswürdigkeiten sind schnell besucht. Im Trippstadter Schloss, einem Barockbau aus dem 18. Jahrhundert, hat heute die Forstliche Versuchsanstalt Rheinland-Pfalz ihren Sitz. Der sich auf der Rückseite des Gebäudes erstreckende ehemalige Schlosspark ist öffentlich zugänglich. An ihn schließt sich der Skulpturenweg an, auf dem es bergab ins Tal und weiter zur Felsenklippe geht, auf der die Reste der Stauferburg Wilenstein stehen. Jetzt befindet sich hier ein Schullandheim, nur Hof und Außenbereich können betreten werden. Steil führt der Weg nun hinab zur Klug'schen Mühle, in der sich statt des Wasserrads heute alles um das Wohl der Gäste dreht und das Klappern von Geschirr das Mahlgeräusch der Mühle ersetzt hat. Zu den Spezialitäten des seit 1827 in Familienbesitz befindlichen Gasthofs zählen fangfrische Forellen, Wild aus heimischer Jagd und Fleisch von Rindern aus eigener Zucht.

Im Herzen des Waldes

»Unser Ziel ist es, Dimensionen der Nachhaltigkeit transparent zu machen und auf den Alltag der Menschen zu projizieren« – große Worte für ein wichtiges Ziel wählt der Leiter des Hauses der Nachhaltigkeit am Johanniskreuz. Mitten im Wald steht der moderne Flachbau an dem Ort, wo 1843 eine Gruppe von Förstern die Bezeichnung Pfälzerwald festlegte. Noch heute treffen alle mit einem Kreuz markierten Wege hier zusammen. Nicht weit entfernt liegt die »Pälzisch Weltachs« – für Heimatdichter Paul Münch bildete das Felsdenkmal den Nabel der Pfalz. Deren einzigartige Naturlandschaft wollte schon Münch bewahrt wissen und genau dieser Aufgabe hat sich das Haus der Nachhaltigkeit verschrieben. Mit seiner Bauweise, Heiz- und Fotovoltaikanlage, Gartenlandschaft und Ausstellung informiert es Otto-Normalverbraucher darüber, was er tun kann, um die Umwelt weniger zu belasten. Auf Verpackungen zu verzichten oder öffentliche Verkehrsmittel zu nutzen klingt simpel, macht aber einen großen Unterschied! Veranstaltungen rund um Wald und Umwelt, z. B. Medizinalpflanzen entdecken, Fastenwandern oder Teamklettern gehören dazu – hin geht es natürlich mit dem Shuttlebus!

Bärendienst: Pause während der Klettertour, danach gilt wieder Helmpflicht.

> Für die Trendaktivität Geocaching leiht das Haus der Nachhaltigkeit GPS-Empfänger aus. Mit ihnen geht's auf Schatzsuche im Wald. Ein Rätselblatt steht zum Download im Internet bereit.

KARTE ▶ D3

Was: Haus der Nachhaltigkeit
Wo: Johanniskreuz 1a, 67705 Trippstadt, Tel. 0 63 06/9 21 01 30
Wann: ganzjährig, So–Fr 10–17 Uhr
Wie viel: Eintritt frei, je nach Veranstaltung entsteht eine Teilnahmegebühr.
Essen & Trinken: Gasthaus Waldesruhe, Schwarzbach 36, Elmstein, Tel. 0 63 06/3 38, Fr–Mi ab 11 Uhr, 1 km von Johanniskreuz entfernt
Web: www.hdn-pfalz.de, www.wald-rlp.de, www.pfaelzerwald-waldesruhe.de

Mountainbikeparadies Pfälzerwald

Hier finden Mountainbiker auf fünf speziell ausgewählten Strecken die für sie richtige Route – von der Einsteigertour über den Familientrip bis hin zum technisch anspruchsvollen Parcours. Auf über 300 km führen ausgeschilderte Trails über Stock und Stein, durch Täler und über Bergkuppen, vorbei an Burgen und Felsen. In der herrlichen Waldlandschaft des Mountainbikeparks Pfälzerwald wechseln sich steile Anstiege und Abfahrten in rascher Folge ab. Bewirtschaftete Hütten am Wegesrand laden zur Verschnaufpause ein. Blau, rot und schwarz – je nach Schwierigkeitsgrad – sind die Streckenabschnitte gekennzeichnet; je nach Anspruch können sie miteinander kombiniert werden. Auch Abkürzungen und Teilstrecken sind möglich. Um Unfälle zu vermeiden, ist die jeweilige Fahrtrichtung vorgeschrieben. Auf der längsten Tour zwischen Lambrecht und Johanniskreuz sind auf 74 km Länge 1771 Höhenmeter zu bewältigen, darunter die beiden Peaks »Bloskulb« und »Steinberg«. Die kürzeste Strecke beginnt bei Waldfischbach und verläuft über 48 km mit 833 Höhenmetern. Am Johanniskreuz treffen alle fünf Routen zusammen. Infos zu Thementouren, Kartenmaterial, GPS-Downloads und Servicestationen gibt es im Internet und bei den Touristikbüros, ebenso den Flyer mit Übersichtskarte und Streckennetz. Die Moutainbiketrails sind auch in den Wanderkarten des Pfälzerwaldvereins markiert.

Von Einsteigerroute bis Cross-Country-Strecke ist für jeden MTB-Fan etwas dabei.

KARTE ▶ D3

Was: Mountainbikepark Pfälzerwald
Wo: Johanniskreuz und Umgebung
Wann: ganzjährig
Wie lang: fünf Routen von 48–74 km Länge, Start an den Bahnhöfen Kaiserslautern, Hochspeyer, Lambrecht, Rodalben, Waldfischbach-Burgalben, Schopp
Essen & Trinken: Selbstversorgung, Einkehrmöglichkeiten sind auf der Übersichtskarte und im Internet angegeben.
Web: www.mountainbikepark-pfaelzerwald.de, www.der-takt.de

Weinstuben und Winzerhöfe

Christusfiguren schauen aus Winkeln an Häuserwänden herab, Weinreben ranken über die Straße, romantische Fachwerkhäuschen säumen den Weg – willkommen an der Deutschen Weinstraße! Das Zentrum der »Genussmeile«, die sich am Rande des Pfälzerwaldes durch viele Weinorte schlängelt, liegt rund um Neustadt. In dessen sehenswerter Innenstadt strahlen die schmucken Fassaden der Patrizierresidenzen mit mittelalterlichen Fachwerkhäusern und hoch aufragenden Kirchenbauten um die Wette. Lebhaftes Zentrum der Stadt ist der Marktplatz, gesäumt vom Rathaus und der gotischen Stiftskirche. Gastwirte bauen ihre Tische auf und bieten lokale wie internationale Spezialitäten an, dazu fein perlenden Sekt, rassigen Wein oder leckeres Eis. Dienstags und samstags, im Sommer auch donnerstags, findet hier ein bunter Wochenmarkt statt. Ein paar Schritte weiter kann man am Marstallplatz den Elwedritschebrunnen von Gernot Rumpf bestaunen.

Eines der hübschesten Weindörfer in Neustadts Umland heißt Sankt Martin. Giebel, Türmchen, Erker und leuchtende Geranien schmücken die Fassaden der Renaissancehäuser, in denen Winzer seit Jahrhunderten hervorragende Weine keltern. Torbögen aus Sandstein mit riesigen Holztüren und eingemeißelten Wappen führen in die Innenhöfe der schmucken Fachwerkbauten und zeugen vom Wohlstand, zu dem die Bewohner dank des Weins gelangten. Beim historischen Stadtrundgang führt Katharina von Dalberg – Ahnfrau des ortsansässigen Adelsgeschlechts – im Fackelschein durch die Gassen und gibt Anekdoten zu geschichtsträchtigen Plätzen zum Besten. Am Treppenaufgang zur Kirche wacht der heilige Martin über das Dorf, dessen Schutzpatron er ist.

Ein außergewöhnlich schönes Winzerdorf stellt auch Rhodt unter Rietburg dar: Gepflasterte Gassen, idyllische Weinstuben in sonnigen Innenhöfen und

KARTE ▶ E3

Was: Stadtrundgang
Wo: Neustadt an der Weinstraße, Sankt Martin, Rhodt unter Rietburg
Wann: ganzjährig
Wie viel: Stadtführungen zu unterschiedl. Preisen, je nach Thema und Dauer, s. Web
Essen & Trinken: unzählige Einkehrmöglichkeiten in allen Ortschaften
Web: www.neustadt.eu, www.sankt-martin.de, www.rhodt.de
Sonstiges: Tourist-Info, Hetzelplatz 1, 67433 Neustadt/Weinstr., Tel. 0 63 21/ 9 26 80

In den Weinlokalen von Neustadt wird der Wein im Dubbeschoppeglas serviert. Auch Biertrinker finden hier den geeigneten Durstlöscher.

schnurgerade verlaufende Rebenreihen rund um den schmucken Ortskern laden zum Flanieren und Verweilen ein. Auf verschnörkelten Schildern preisen die Winzerhäuser und Gaststätten Pfälzer Wein und andere Spezialitäten an. Durch breite Torbögen aus Sandstein schreitet man ins Herz der Gutshöfe, dorthin wo Riesling, Gewürztraminer oder Spätburgunder reifen. Hier riecht es nach Most und meistens stehen ein paar Tische und Bänke für die Weinprobe bereit. Besonders zur Weinlese und an Festtagen ist an der Weinstraße viel los. Der Besuch lohnt jedoch zu jeder Jahreszeit.

Mit dem Kuckucksbähnel unterwegs

Tuut, tuut, tuut, die Eisenbahn ... fährt mit dampfender Lokomotive und ratternden Rädern über 21 km Länge ins Elmsteiner Tal. Ihr Pfeifen klingt durch die Wälder. Leichter Rußgeruch liegt in der Luft, wenn's Kuckucksbähnel sonntags unterwegs ist und unter Puffen und Schnaufen in etwa 70 Minuten zwischen Neustadt und Elmstein verkehrt. Bis Lambrecht teilt es sich die Gleise mit den Zügen der Deutschen Bahn, ab da geht es auf der Museumsstrecke ins liebliche Tal, vorbei an Burgen und kleinen Ortschaften. Begeistert strecken die Kinder dem Schaffner ihre Fahrkarten entgegen. Beim nächsten Halt ist sogar ein Besuch beim Lokführer möglich, mit Blick in den Feuerofen, wo der Dampf gemacht wird. Aber nicht nur Kinder und Nostalgiker sind vom Dampfzug mit den historischen Waggons begeistert – irgendwie trauern alle der guten alten Zeit nach, die hier im Elmsteiner Tal noch ein bisschen lebendig geblieben ist. Am Bahnhof in Erfenstein beginnt der Drei-Burgen-Weg, eine etwas sportlichere Variante des Sonntagsausflugs. Die etwa 7 km lange Rundtour führt in zwei Stunden vorbei an den Burgruinen Erfenstein, Breitenstein und Spangenberg, in Letzterer kann man sich in der Burgschänke stärken. Am Endhaltepunkt gibt es die Möglichkeit, zur Burg Elmstein hinaufzuwandern. Im alten Lokschuppen am Hauptbahnhof Neustadt zeigt das Eisenbahnmuseum Schienenfahrzeuge aus der Zeit von 1900 bis heute.

Die harten Holzbänke stören keinen, wenn die Dampflok durchs Tal schnauft.

KARTE ▶ E3

Was: Mit der Dampflok ins Elmsteiner Tal, Burgenwanderung
Wo: Neustadt–Elmstein–Neustadt
Wann: April–Okt. So, Fahrplan im Web, Info-Tel. 0 63 21/3 03 90
Wie viel: 14 €
Essen & Trinken: Einkehrmöglichkeiten in jedem Ort auf der Strecke
Web: www.eisenbahnmuseum-neustadt.de, www.dgeg.de
Sonstiges: Der Eingang zum Eisenbahnmuseum in Neustadt liegt in der Schillerstr. 3 (Di–Fr 10–13, Sa/So/Feiertag 10–16 Uhr; 3 €, Kinder 1 €).

Wiege der deutschen Demokratie: Am Hambacher Schloss fand 1832 die erste politisch motivierte Großveranstaltung in Deutschland statt.

»Hinauf, hinauf zum Schloss!«

Am Hambacher Schloss wehte sie zuerst: die schwarz-rot-goldene Fahne, die später zur Nationalflagge der Bundesrepublik Deutschland werden sollte. Wie es dazu kam und warum das 1832 auf der Burgruine gefeierte »Hambacher Fest« als Anfang aller Demokratiebewegung in deutschen Landen gilt, erfährt man bei der Ausstellung »Hinauf, hinauf zum Schloss!« Nicht gerade begeistert war der damals auch für die Pfalz zuständige bayerische König Ludwig I., weder vom Volksfest noch von den Forderungen nach bürgerlichen Rechten und Freiheiten. In der Folge beutete er die Pfälzer noch stärker aus und löste damit eine große Auswanderungswelle aus. Heute präsentiert sich das Hambacher Schloss als Museum und Mahnmal für Demokratie und deutsche sowie europäische Einheit. Die multimediale Dauerausstellung macht Geschichte erlebbar. Bei Führungen geht's auch auf den Turm, der eine herrliche Aussicht über Wald, Weinberge und Flur bietet.

KARTE ▸ E3

Was: Burg und Museum Hambacher Schloss
Wo: Hambach bei Neustadt
Wann: April–Okt. tgl. 10–18 Uhr, Nov.–März tgl. 11–17 Uhr, Tel. 0 63 21/92 62 90
Wie viel: Dauerausstellung: 4,50 €, ermäßigt 1,50 €; Führungen kosten extra; bei der Schlossführung kann man den Turm besteigen (120 Stufen); Führungszeiten: Nov.–März 11, 12 und 14 Uhr, April–Okt. auch 15 und 16 Uhr
Essen & Trinken: Restaurant 1832 im Schloss, Tel. 0 63 21/9 59 78 80, Öffnungszeiten wie die Ausstellung
Web: www.hambacher schloss.eu

Alljährlich pilgern Tausende zur Annakapelle, von der aus man eine fantastische Sicht hat.

Wo der Wald auf Weinberge trifft

Das höchstgelegene Weingut der Pfalz empfängt am Annaberg seine Gäste. Die kommen nicht nur wegen des herrlichen Blicks von der Aussichtsterrasse in die Rheinebene, sondern auch wegen der hervorragenden Speise- und Getränkekarte. Im Annagut kann man sich für den Aufstieg zur Annakapelle stärken, so wie es früher die Pilger taten, für die die Schänke einst errichtet wurde. Die oberhalb von Burrweiler, am Rande des Teufelsberges thronende neugotische Kirche ist für eine Kapelle etwas groß geraten; berücksichtigt man jedoch, dass sie eine bedeutende Wallfahrtsstätte ist, erklärt das ihre Dimensionen. Seit 1748 finden regelmäßig Prozessionen zur Annakapelle statt. Damals hatten die verzweifelten Bewohner der seuchegeplagten Orte Burrweiler und Flemlingen die heilige Anna um Hilfe angefleht. Noch etwas höher liegt die hölzerne St.-Anna-Schutzhütte des Pfälzerwaldvereins, in der man neben Unterschlupf auch eine kleine Gastronomie findet. Viele Wanderwege führen weiter in den Wald, z. B. zur Trifelsblickhütte, zur Landauer Hütte oder zum Lambertskopf.

> Inmitten der Rebfläche des Ortes Burrweiler versteckt sich die Burrweiler Mühle, ein wunderschönes Weingut mit Gaststube und Gartenwirtschaft.

KARTE ▶ E3

Was: Weingut und Annakapelle
Wo: Burrweiler
Wann: ganzjährig
Essen & Trinken: Weingut/Gutsschänke St. Annaberg, Mi–Fr ab 15 Uhr, Sa/So ab 12 Uhr, Tel. 0 63 45/32 58; Restaurant Burrweiler Mühle, Tel. 0 63 23/98 07 51
Web: www.burrweiler.de, www.garten-eden-pfalz.de, www.sankt-annaberg.de, www.burrweilermuehle.de
Sonstiges: Tourist-Info, Poststr. 23, 67480 Edenkoben, Tel. 0 63 23/95 92 22; Infos zur Wallfahrt erteilt das kath. Pfarramt Burrweiler, Tel. 0 63 45/36 10.

Munter rauf und runter

Im freien Fall aus 70 m Höhe in die Tiefe stürzen? Im Baumstamm durchs Wildwasser treiben und den Wasserfall hinabstürzen? In luftiger Höhe von 80 m im Kettenkarussell durch die Lüfte schweben? Horrorvorstellungen für die einen, Wunschtraum für die anderen! Eins ist sicher: Adrenalinjunkies kommen im Holidaypark Haßloch auf ihre Kosten. Aber nicht nur die: Besucher jedes Alters erfreuen sich an den über 30 Attraktionen, die das rund 400 qm große Gelände bereithält. Die kleinen Gäste genießen Karussellfahrten oder die nostalgische Kanalfahrt, die größeren holen sich ihren Kick in der Riesenachterbahn oder rasen im Superwirbel durch zwei Loopingspiralen. Wer auf solchen Kitzel verzichten kann, wird an den Shows seine Freude haben: Von der Heimtiervorführung über Entfesselungsakrobatik und Multimedia-Lasershow bis zur Stuntshow auf dem Wasser ist für jeden etwas dabei. Je nach Jahreszeit ist der Park aufwendig dekoriert: Tulpen im Frühling, Gruseliges zu Halloween. Um alle Fahrgeschäfte und Shows zu erleben, reicht ein Tag wohl kaum aus. Eins ist jedoch sicher: Spaß, Spannung und Action sind im ersten Freizeitpark der Pfalz garantiert!

KARTE ▶ E3

Was: Freizeitpark Holidaypark
Wo: Haßloch, Holidayparkstr. 1–5, Tel. 01 80/50 03 2 46
Wann: Mai–Okt. tgl. 10–18 Uhr, Öffnungszeiten für März/April, Wochenenden, Ferien und Special-Events s. Web
Wie viel: 27 €, Kinder (1–1,44 m groß) 23 €, Kinder unter 1 m zahlen keinen Eintritt; Begleitpersonen von Blinden und Rollstuhlfahrern frei; Schnupperpreis s. Web
Essen & Trinken: umfangreiches Gastronomieangebot im Park
Web: www.holidaypark.de

Italienisches Flair

Von weither sichtbar ist die gelbe Säulenfassade der Villa Ludwigshöhe über den Rebflächen am Waldrand der Haardt. Das ursprünglich aus drei Gebäuden bestehende Ensemble wurde 1845–1852 als Sommerresidenz für König Ludwig I. von Bayern erbaut; der verbrachte auch nach seiner Abdankung 1848 jedes zweite Jahr im Juli und August hier. Von Terrasse und Balkon aus blickt man hinab aufs Rebenmeer und die wie Puzzleteile darin verstreuten Dörfer. Auf einen Garten wurde auf Anweisung des Königs bewusst verzichtet, lag er doch bereits zu Füßen des Schlösschens. In der Ferne hebt sich die Silhouette des Schwarzwalds aus dem Dunst ab, die Stadt Landau liegt gen Süden, das Hambacher Schloss wenige Kilometer weiter nördlich auf einem Hügel. Die Innenräume des Schlosses können bei Führungen besichtigt werden; regelmäßig finden hier auch Konzerte statt. Das obere Stockwerk beherbergt eine hervorragende Ausstellung von Gemälden des Impressionisten Max Slevogt, der nur wenige Kilometer weiter südlich sein Domizil hatte und von Ludwig I. mehrere Aufträge erhielt. In den Kellergewölben befindet sich die international bedeutende Sammlung des ehemaligen Museums für moderne Keramik in Deidesheim; sie ist jedoch nur an bestimmten Tagen zugänglich (Infos auf Anruf oder im Internet). Hoch über dem Schloss liegt auf 550 m die um 1200 erbaute Rietburg. Die Ruine ist nicht wegen ihrer Größe, geschichtlichen Bedeutung oder besonderen Schön-

KARTE ▶ E3

Was: Schloss Villa Ludwigshöhe, Sessellift zur Rietburg
Wo: Rhodt unter Rietburg
Wann: Schloss: April–Sept. 9–18 Uhr, Okt.–März Di–So 9–17 Uhr, Tel. 0 63 23/9 30 16; Sessellift: März nur So, April–Okt. 10–17 Uhr, Sa/So 10–18 Uhr, Tel. 0 63 23/18 00
Wie viel: Schloss: 2,60 €, Kinder 1 €; Sessellift, Rückfahrt: 5,50 €, Kinder (4–14 Jahre) 2,50 €
Web: www.max-slevogt-galerie.de, www.keramik-sammlung.de, www.edenkoben.de
Sonstiges: Tourist-Info, Poststr. 23, Edenkoben, Tel. 0 63 23/95 92 22

In der nach italienischem Vorbild erbauten Villa Ludwigshöhe haben sich herrliche Wandmalereien im pompejanischen Stil erhalten.

heit weit über die Grenzen der Pfalz hinaus bekannt, sondern vor allem wegen der zu ihr führenden Rietburgbahn. Die erste und einzige Seilbahn der Pfalz befördert Besucher über eine Strecke von 560 m in nur acht Minuten nach oben und überwindet dabei einen Höhenunterschied von 227 Höhenmetern. Am 31. Juli 1954 hat sie ihren Betrieb aufgenommen und seitdem über sechs Millionen Passagiere befördert. Vor allem Kinder sind immer wieder begeistert von der gemütlichen Auffahrt. Natürlich kann man den Berg auch zu Fuß erwandern – auf dem rot markierten Weg dauert es 45 Minuten. Oben angekommen scheint man über der Ebene zu schweben. Auf der »Aussichtsterrasse der Deutschen Weinstraße« kann man Pfälzer Spezialitäten, Kaffee und Kuchen genießen. Markierte Wanderwege führen zum Ludwigsturm, einem kleinen Rotwildgehege oder in den Wald. Ein 90 Minuten dauernder, eben verlaufender Rundweg ist ausgeschildert.

TIPP 51

MERZALBEN
Radausflug für die ganze Familie

Sobald man den Turm von St. Peter und Paul in Wissembourg sieht, ist man am Ziel.

Die schönste Radtour der Westpfalz ...

... folgt dem Bachlauf der Wieslauter bis ins Elsass. Nach anfänglichem Anstieg von Merzalben bis zur Burgruine Gräfenstein genießt man eine meist abschüssig verlaufende Strecke mit nur minimalen Steigungen, die auch für Familien mit Kindern hervorragend geeignet ist. Die Route ist asphaltiert und verläuft abseits der Hauptverkehrsstraßen. Herrliche Landschaften und verträumte Ortschaften säumen die Strecke, zahlreiche Gasthäuser laden zur Einkehr ein. Auf dem Radweg »Pfälzerwald-Tour« führt der Weg ca. 10 km durchs wildromantische Zieglertal nach Hinterweidenthal. Hier überquert man die B 10 und fährt nun 31 km auf dem deutsch-französischen »Pamina-Radweg«. Etwa 8 km nach Hinterweidenthal ist der von Felsen und Burgen umgebene Luftkurort Dahn erreicht. Immer dem Bachlauf folgend, schlängelt sich der Radweg durch Bruchweiler-Bärenbach und Bundenthal bis zur Grenzsiedlung St. Germanshof. Nun trennen uns nur noch 3 km und eine winzige Steigung vom Zielort, dem romantischen Städtchen Wissembourg mit seinem mittelalterlichen Ortskern.

KARTE ▶ C3

Was: deutsch-französische Radtour
Wo: Merzalben–Hinterweidenthal–Dahn–Wissembourg
Wie lange: 42 km, ca. 6 Std.
Wann: ganzjährig

Essen & Trinken: Hotel Pfalzblick, Goethestr. 1, Dahn, Tel. 0 63 91/40 40; Hostellerie au Cygne, Rue du Sel 3, Wissembourg, Tel. 00 33/(0)3 88 94 00 16 (Mi, Do Mittag, So Abend geschl.)

Web: www.radwanderland.de, www.dahner-felsenland.net, www.ot-wissembourg.fr, www.pfalzblick.de, www.hostellerie-cygne.com

Rund um den Weißenberg

Als gäbe es im Gräfensteiner Land nicht genügend herrliche Aussichtsfelsen, ließ der Pfälzerwaldverein 1908 zu Ehren von Prinzregent Luitpold auf dem Weißenberg beim Hermersbergerhof einen Turm errichten. Heute ist der Luitpoldturm das weithin sichtbare Wahrzeichen der Region. Eine steinerne Wendeltreppe führt über 165 Stufen auf die Aussichtsplattform in 28,5 m Höhe. Der Rundblick verdeutlicht, wie weitflächig, dicht bewachsen und dünn besiedelt der Pfälzerwald in seinem nördlichen Kerngebiet ist. Wer genau hinschaut, wird im Westen die etwa 8 km entfernte Ruine Gräfenstein bei Merzalben ausmachen. Vom Luitpoldstein, einige hundert Meter südlich des Turms, führt ein blau-weiß markierter Wanderweg über etwa 5 km Länge zur Ruine. Wer's bequemer mag, kann von Merzalben mit dem Auto bis auf etwa 500 m Entfernung (10 Minuten) an die Ruine heranfahren. Einige Mauern der von den Leiningern erbauten Burg stehen bis heute, darunter der einzigartige siebeneckige Bergfried, der bestiegen werden kann.

Ein Rundgang durch das Gemäuer beflügelt die Fantasie; Info-Tafeln lassen das Leben im Mittelalter lebendig werden.

Wenn richtig viel Schnee liegt, tummeln sich beim Hermersbergerhof, der höchstgelegenen Siedlung im Pfälzerwald, Schlitten- und Bobfahrer auf der Rodelbahn. In Leimen, nur wenige Kilometer entfernt, wird im Winter die einzige Langlaufloipe der Region gespurt.

KARTE ▶ D3

Was: Luitpoldturm, Burgruine Gräfenstein
Wo: Hermersbergerhof und Merzalben
Wann: ganzjährig
Wie viel: Eintritt frei
Wie lang: ca. 5 km, 2 Std.
Essen & Trinken: Café Ingrid/Klosterschmiede, Hermersbergerhof, Mühlweg 1, Tel. 0 63 92/17 64, Di–So 9–22 Uhr
Web: www.hermersbergerhof.de, www.hauenstein-pfalz.de, www.merzalben.de
Sonstiges: Tourist-Info, Schulstr. 4, 76846 Hauenstein, Tel. 0 63 92/91 51 19

Paradies für kleine und große Teufelchen

Ging es mit dem Teufel zu, dass die Erosion eine riesige graue Steinplatte auf einem hohen, rot schimmernden Sockel scheinbar schwebend hinterlassen hat? Der Name »Teufelstisch« lässt es zumindest vermuten. Eins ist jedenfalls sicher: Spätestens seit der Eröffnung des neuen Abenteuerspielplatzes zu Füßen der sagenumwobenen Felsformation fühlen sich spielhungrige Kinder und deren Anhang hier sehr wohl. In Sichtweite des imposanten Naturdenkmals können kleine und große Abenteuerfreaks teuflisch schnell auf der Röhrenrutsche ins Tal sausen, an der Robinie durch die Luft gleiten, durchs Labyrinth irren oder im feuchten Sand des Wassererlebnispfades matschen. Eine Kindermotorradbahn, hohe Schaukeln und ein Minigolfplatz runden das Freizeitangebot ab. Nicht vergessen sollte man bei so viel Aufregung und Abwechslung den kurzen Aufstieg zum Teufelstisch, der auf dem Bergrücken thront. Von hier überblickt man nicht nur den Erlebnispark am Teufelstisch, sondern die ganze Umgebung. Wer über die herumliegenden Felsbrocken klettert, trägt zur Erinnerung roten Steinstaub an den Kleidern mit sich heim.

Der 14 Meter hohe Teufelstisch ist der berühmteste Fels im Wasgau.

KARTE ▶ C4

Was: Erlebnispark Teufelstisch
Wo: Hinterweidenthal
Wann: Spielplatz tgl. 10–18 Uhr, im Winter geschl.; Wanderung ca. 45 Min. hin und zurück
Wie viel: Eintritt frei, außer Minigolf (Preise unter Tel. 0 63 96/99 32 76 oder 0 63 96/2 56)
Essen & Trinken: Brauhaus Ehrstein, Im Handschuhteich 3, Hinterweidenthal, Di–So, Öffnungszeiten unter Tel. 0 63 96/1 68 00 00 oder im Internet
Web: www.hauenstein-pfalz.de, www.brauhaus-ehrstein.de

Weidmannsheil!

Wild darf nur unter Einhaltung der jagdrechtlichen Vorschriften erlegt werden.

Einem Jäger aus Kurpfalz – dem ist nicht nur im bekannten Volkslied immer und allzeit Jagdglück beschert, sondern auch wenn er im größten zusammenhängenden Waldgebiet Westeuropas auf die Pirsch geht. Der südliche Teil des Pfälzerwalds ist für seinen hohen Anteil an Schwarzwild bekannt, doch auch Rotwild, Rehwild oder Füchse kommen regelmäßig vor die Büchse. In den Staatswäldern können Jäger, die im Besitz eines gültigen Jagdscheins sind, auf Antrag bei den jeweiligen Forstämtern und in Einklang mit dem Landesjagdgesetz in Einzeljagd oder im Rahmen von Gesellschaftsjagden Wild erlegen. Koordiniert wird dieses Jagdangebot von den staatlichen Forstämtern Hinterweidenthal, Johanniskreuz, Kaiserslautern und dem Forstamt Wasgau in Dahn. Das selbstständige Erlegen eines Rehbocks während einer siebentägigen Pirsch ist z. B. für knapp 300 € möglich (inkl. Trophäe, aber ohne Wildbret), die Teilnahme an einer Bewegungsjagd für 150 € pro Tag (inkl. Mittagsimbiss). Wer nicht selbst jagt, kann auf Nachfrage als Begleitperson an einer Jagd teilnehmen. Interessant sind auch Waldführungen mit dem Förster, wie sie das Haus der Nachhaltigkeit in Johanniskreuz (→ Tipp 43/S. 70) sowie die Westpfälzer Forstämter anbieten.

KARTE ▶ C4

Was: Einzeljagd, Gesellschaftsjagd
Wo: im ganzen Pfälzerwald auf Antrag bei den Forstämtern; Forstamt Wasgau (Tel. 0 63 91/9 24 50), Hinterweidenthal (Tel. 0 63 96/9 10 96 11), Johanniskreuz (Tel. 0 63 06/9 21 00), Kaiserslautern (Tel. 06 31/34 19 80)
Wann: ganzjährig nach Absprache mit dem zuständigen Forstamt, außer in den Schonzeiten
Wie viel: Preis je nach Aktivität; Infos beim zuständigen Forstamt
Essen & Trinken: Selbstverpflegung
Web: www.jagd-rlp.de

Schuhe über Schuhe

Schon seit über 100 Jahren werden im beschaulichen Luftkurort Hauenstein Schuhe hergestellt. Dieser Tradition verpflichtet, dokumentiert das Deutsche Schuhmuseum, das in einem historischen Fabrikgebäude im Ortszentrum seine Heimat fand, die Entwicklung der Schuhkultur von den Anfängen bis zur Gegenwart. Die Ausstellung führt durch die Geschichte des Schuhs und seiner Herstellung – mit Abstechern in die Fußmode ferner Länder. In der einzigartigen Prominentensammlung kann man die Schuhe bekannter Persönlichkeiten, darunter José Carreras, Ottfried Fischer, Boris Becker und Thomas Gottschalk, bestaunen. Daneben werden auch ungewöhnliche Schuhkreationen zur Schau gestellt, etwa das größte Schuhpaar der Welt, das es mit Schuhgröße 247 ins Guinness-Buch der Rekorde geschafft hat. In einer alten Schuhmacherei führen Schuster ihre Kunst vor. Das weltweit größte Museum dieser Art wurde wegen seiner besonderen Inszenierung der Schuhkultur mit einem europäischen Museumspreis ausgezeichnet.

Nahe der B 10, am nördlichen Ortsausgang des größten Schuhdorfs in Deutschland, wird bis heute genäht, geklebt, besohlt und vernagelt. Wie Schuhe in Handarbeit gefertigt wurden und immer noch werden, kann man bei einem Rundgang durch die »Gläserne Schuhfabrik« erleben. Die Firma Josef Seibel, ein alteingesessenes Traditionsunternehmen, fertigt hier einen Teil ihrer Kollektion an Naturschuhen an und verkauft sie sowohl in der Schuhfabrik selbst als auch an der nahen Hauensteiner Schuhmeile. In Sichtweite der Bundesstraße ragen moderne Einkaufszentren und Geschäftsgebäude mit repräsentativen Glasfassaden in die Höhe. Hier findet man ein ausgesprochen großes und qualitativ hochwertiges

> Einen schönen Einkehrstopp abseits des Konsumtrubels bietet die urige Paddelweiherhütte im Queichtal an. Für die Kleinen gibt es einen großen Spielplatz; Tretboote und Kanus werden verliehen. Durchgehend warme Küche – bodenständig pfälzisch, versteht sich!

KARTE ▶ D4

Was: Deutsches Schuhmuseum, Gläserne Schuhfabrik, Hauensteiner Schuhmeile
Wo: Hauenstein; Deutsches Schuhmuseum: Turnstr. 5; Gläserne Schuhfabrik Josef Seibel: Waldenburger Str. 1; Schuhmeile an der B 10
Wann: ganzjährig; Schuhmuseum März–Nov. tgl. 10–17 Uhr, Dez.–Feb. Mo–Fr 13–16 Uhr, Sa/So 10–16 Uhr, Tel. 0 63 92/9 23 33 40; Gläserne Schuhfabrik: Mo–Fr 10–16.30 Uhr, April–Okt. auch Sa/So 13–17 Uhr, Tel. 0 63 92/9 22 13 71; Schuhmeile: Mo–Sa 9.30–18 Uhr, April–Okt. auch So/Feiertag 13–18 Uhr
Wie viel: Museum: 3,50 €,

Angebot an günstigen Schuhen vor. Man muss vielleicht etwas suchen und vergleichen, wird aber garantiert fündig. »Made in Hauenstein« sind dabei die wenigsten Exemplare, aber die namhaften Marken der einheimischen Hersteller aus Pirmasens, Rodalben, Dahn, Obersimten oder Thaleischweiler sind allesamt vertreten – darunter Peter Kaiser, Semler, Kennel & Schmenger, Caprice, Dockers oder Tamara – und bieten ihre Ware zu attraktiven Preisen an.

Zwei Kilogramm wiegt der Kastanienschuh mit den hohen Eisenkrampen. Mit ihm wurden um 1840 in der Ardèche geschälte Edelkastanien zu Mehl zerstampft.

ermäßigt 3 €
Essen & Trinken: Gasthaus Waldesruh, Alte Bundesstr. 5–7, Hauenstein, Tel. 0 63 92/16 10; Landhaus am Hirschhorn, Am Hirschhorn 12–14, Wilgartswiesen, Tel. 0 63 92/5 81; Paddelweiherhütte, Dahner Str., Hauenstein, Tel. 0 63 92/99 45 18
Web: www.museum-hauenstein.de, www.glaeserne-schuhfabrik.de, www.hauenstein-pfalz.de, www.gasthaus-waldesruh.de, www.landhausamhirschhorn.de, www.paddelweiher.de
Sonstiges: Tourist-Info, Schulstr. 4, 76846 Hauenstein, Tel. 0 63 92/91 51 19

Unterwegs auf historischen Wegen ...

... ist man auf dem 15 km langen Schusterpfad, der rund um Hauenstein führt. Seinen Namen verdankt der Premiumwanderweg den Schuhmachern und Händlern, die hier früher auf dem Weg von und zu den Hauensteiner Schuhfabriken unterwegs waren. Der Schusterpfad beginnt an einem Felsendurchbruch, der auf den Charakter der Strecke einstimmt. Im weiteren Verlauf erschließt er den ganzen Zauber des Wasgauer Buntsandsteins. Die durchaus anspruchsvolle Wanderung führt zu wunderschönen Aussichtspunkten, zur urigen Pfälzerwaldverein-Hütte »Dicke Eiche« und zum romantischen Winterkirchel. Der Farbenreichtum und die Formenvielfalt der Sandsteinfelsen sind grenzenlos. Über Jahrtausende hat die Erosion hier wahre Kunstwerke geschaffen, zum Beispiel den 465 m hohen frei stehenden Hühnerstein-Felsen. Wer ihn über die steile, bestens gesicherte Leiter erklimmt, wird mit einem atemberaubenden Ausblick auf die schier endlos wirkende Waldfläche bis in die Nordvogesen belohnt. Eine Orientierungstafel weist auf markante Berge und Orte hin und gibt die Entfernungen an. Im Sommer bietet sich zur anschließenden Erfrischung ein Besuch im Wasgaufreibad an, von dessen Becken, Rutschen, Sprungtürmen und Liegewiesen die Stimmen der Badenden bis zu den Felsen hinauf klingen.

Das Felsentor markiert den Beginn des Hauensteiner Schusterpfads, der als »Premiumwanderweg« ausgezeichnet ist.

KARTE ▶ D4

Was: Schusterpfad
Wo: Hauenstein
Wie lang: 15 km, ca. 5 Std.
Wann: Frühjahr–Herbst; Winterkirchel auch im Winter; Wasgaubad, Backelsteinstr. 38, Mai–Sept. tgl. 9–20 Uhr, Tel. 0 63 92/91 50
Essen & Trinken: Rucksackverpflegung; Wanderheim »Dicke Eiche«: Sa/So/Feiertag 9–18 Uhr, Mai–Okt. auch Mi 10–18 Uhr, Tel. 0 63 92/4 09 00 98
Web: www.hauenstein-pfalz.de, www.pfaelzerwald verein-hauenstein.de, www.wasgaufreibad.de
Sonstiges: Tourist-Info Hauenstein, Tel. 0 63 92/ 91 51 19

Die Madenburg wurde jahrhundertelang als Steinbruch missbraucht.

Malerische Anwesen

Ein Atelier brauche er nicht, die Natur sei Inspiration und idealer Schaffensplatz per se – mit diesen Worten bezog der impressionistische Maler Max Slevogt 1914 das Gut Neukastel, das heute als Slevogthof bekannt ist. Hoch über Leinsweiler verbrachte er mit seiner Familie die Sommer, hier fand er auch seine letzte Ruhe. Viele seiner Gemälde verewigen Motive aus der Region. Einige Werke, darunter imposante Wandbilder, können im Rahmen einer Führung durch die Wohn- und Arbeitsräume des Künstlers besichtigt werden. Der kurze, steile Aufstieg zur Ruine Neukastel lohnt wegen des herrlichen Blicks. Die Madenburg liegt in Sichtweite; ihre Ruinen lassen erahnen, wie groß sie einst war. Geblieben sind Treppentürme, Torbögen und die Überbleibsel von Wohngebäuden, die sich um mehrere Innenhöfe verteilen. Vom Waldparkplatz am Sportplatz führt ein etwa 25-minütiger Fußweg durch den Wald hinauf zur Madenburg. Die weniger steile Variante startet vom Wanderparkplatz am Bildstöckel (20 Min.).

KARTE ▶ D4

Was: Slevogthof, Ruine Neukastel, Madenburg
Wo: Leinsweiler
Wann: Slevogthof: März–Nov. Fr–Mi 11.15 u. 13.30 Uhr, Sa/So auch 16 Uhr; Burg Neukastel: jederzeit frei zugänglich; Madenburg: Di–So ab 10 Uhr frei zugänglich
Wie viel: Slevogthof: 5 €
Essen & Trinken: Slevogthof Neukastel, Tel. 0 63 45/36 85; Madenburgschänke, Tel. 0 63 45/71 10; Leinsweiler Hof, Tel. 0 63 45/40 90
Web: www.slevogthof-neukastel.de, www.eschbach-pfalz.de, www.leinsweilerhof.de

Sitz deutscher Kaiser

Beeindruckend und von weither sichtbar thront die Reichsburg Trifels hoch über dem Städtchen Annweiler, eingerahmt von ihren beiden Schwestern, den Burgen Anebos und Scharfenberg (im Volksmund auch »Münz« genannt). Diese Burgendreiheit gilt als eines der Wahrzeichen des Pfälzerwaldes und trägt besondere Bedeutung. Schon im Mittelalter war der Trifels eine der wichtigsten Burganlagen des Reichs. Kaiser Friedrich Barbarossa residierte hier; in ihren Mauern wurde der englische König Richard Löwenherz gefangen gehalten, bis er nach Zahlung eines hohen Lösegeldes freigelassen wurde. Auch die wertvollen Reichskleinodien, Zeichen der Kaisermacht, waren im 12. und 13. Jahrhundert hier aufbewahrt. Die Mönche des nahe liegenden Klosters Eußerthal waren für die Pflege und Bewachung der Schätze zuständig; rund eine Stunde brauchten sie, um von der Innenstadt Annweilers hinauf zur Reichsfeste Trifels und weiter zu den Burgen Anebos und Scharfenberg zu gelangen. Heute wandern Touristen auf ihren Spuren und genießen die herrlichen Aussichtspunkte, die weit über die Waldflächen bis in die Rheinebene und die Vogesen blicken lassen. Eine schmale Straße windet sich zum Parkplatz unterhalb des Trifels hinauf. Von hier ist es noch ein anstrengender Marsch von zwanzig Minuten, der auf einem steilen Pfad zur Burg führt. In ihrem Inneren sind Krone, Reichsapfel, Reichskreuz, Reichsschwert und Zepter – Nachbildungen der Reichsinsignien – ausgestellt. Im Kaisersaal finden an Sommerabenden stimmungsvolle Konzerte statt (→ Tipp 4/S. 18–19). Der heutige Zustand der Burg hat mit der mittelalterlichen Festungsanlage wenig

KARTE ▶ D4

Was: Burg Trifels, Museum unterm Trifels, Altstadt
Wo: Annweiler am Trifels; Burg auf dem Sonnenberg, Museum: Am Schipkapass 4
Wann: Burg: April–Sept. tgl. 9–18 Uhr, Okt./Nov. und Jan.–März tgl. 9–17 Uhr, Tel. 0 63 46/84 70; Museum: 15. März–1. Nov. Di–So 10–17, 2. Nov.–14. März Sa/So 13–17 Uhr, Tel. 0 63 46/16 82
Wie viel: Trifels und Museum: jeweils 2,60 €, Kinder 1 €
Web: www.annweiler.de, www.trifelsland.de
Sonstiges: Tourist-Info, Messplatz 1, Annweiler am Trifels, Tel. 0 63 46/22 00

Drei Burgen, drei Berge: Trifels, Anebos und Scharfenberg.

gemeinsam. Turm und Hauptgebäude hatten eine andere Form; an der Stelle des beeindruckenden Kaisersaals stand ein Palas mit Säulenhalle. Ihre jetzige Gestalt erhielten die Gebäude während der Zeit des Nationalsozialismus; wie die Burg im Lauf ihrer wechselvollen Geschichte verändert wurde, zeigt das Museum unterm Trifels.

Kaum vorstellbar, dass es im kleinen Annweiler mit seiner von romantischen Fachwerkhäusern gesäumten Wassergasse im Mittelalter unerträglich gestunken haben muss. Beißende Fäulnisgerüche gingen mit dem Gerbergewerbe einher, das in der Zeit von 1650–1800 außerhalb der alten Stadtmauer beheimatet war. Das Wasserrad der einstigen Lohmühle trennt die Gerber- und die Wassergasse. Heute wird es zur Gewinnung von Strom genutzt – sein Räderwerk kann in einem gläsernen Bau bewundert werden. Im Herzen der Altstadt ist das »Museum unterm Trifels« über mehrere Gebäude am Ufer der Queich verteilt: eine ehemalige Mühle und drei angrenzende Gerberhäuser mit Gerberwerkstatt. Ein Rundgang durch die Sammlung führt von der Steinzeit bis in die Gegenwart und informiert dabei anschaulich über die Kyffhäuser-Legende und die Herkunft der Staufer. Die Touristeninformation im Rathaus hält einen kostenlosen Stadtplan mit Erklärungen zu den Sehenswürdigkeiten bereit; Hinweistafeln vor Ort ergänzen die kulturgeschichtlichen Informationen. Im Zweiten Weltkrieg wurde die zweitälteste Stadt der Pfalz stark zerstört, jedoch im Stil des alten Stadtbildes behutsam und gelungen wieder aufgebaut.

»Nec pluribus impar« – der Wahlspruch von Ludwig XIV. am Französischen Tor.

Genussfreude und Lebenskunst

»Allons faire un tour en Landau«, heißt es noch heute mancherorts in Frankreich, wenn man eine Fahrt im Cabrio unternimmt oder mit dem Kinderwagen spazieren fährt. Nach Landau in der Pfalz ist wohl auch der »Landauer« benannt – eine Kutsche mit Klappverdeck, die so etwas wie der Rolls Royce des 18. und 19. Jahrhunderts war. Sonnig, offen, jung und freundlich präsentiert sich das inmitten von Reben und Weindörfern gelegene Städtchen. Der Weinhandel und die Präsenz französischer Soldaten bis in die 1990er-Jahre prägen die Lebensart seiner Bewohner. Genussfreude wird hier großgeschrieben. Bei einem Rundgang entdeckt man viele historische Gebäude, darunter die Jugendstil-Festhalle oder das Deutsche und das Französische Tor. Die eindrucksvollen Überbleibsel der Festungsmauer waren die einzigen Zugänge der einst zu Frankreich gehörenden Garnisonsstadt. Nahe dem Rathausplatz steht das Frank-Loebsche Haus aus dem 17. Jahrhundert, in dem der Großvater von Anne Frank wohnte.

KARTE ▶ E4

Was: Rathausplatz, Frank-Loebsches Haus, Deutsches Tor, Französisches Tor, Jugendstil-Festhalle
Wo: Landau in der Pfalz
Wann: ganzjährig
Essen & Trinken: Restaurant Fünf Bäuerlein, Theaterstr. 2, Landau, Tel. 0 63 41/2 07 46, Mo ab 17 Uhr, Di–Fr 11.30–14.30 und ab 17 Uhr, Sa 10.30–15 Uhr
Web: www.landau.de, www.fuenf-winzer.de
Sonstiges: Tourist-Info im Rathaus, Marktstr. 50, Tel. 0 63 41/13 83 00; hier ist auch ein Plan mit Stadtrundgang erhältlich.

Exoten unter sich

Worin unterscheiden sich Gepard, Leopard und Jaguar? Warum stehen Flamingos auf einem Bein? Weshalb können Pinguine nicht fliegen? Solche Fragen werden in der Zooschule im Landauer Zoo erörtert. Aber nicht nur den kleinen Besuchern macht ein Besuch auf dem 4 Hektar großen Zoogelände des 1904 gegründeten Tierparks Spaß, auch den großen. Hier lernt man ein Stück Afrika, Asien oder Australien kennen. Das Gelände ist übersichtlich, die Zahl der Tiere mit rund 650 Exemplaren aus 125 Arten überschaubar. Publikumslieblinge sind die, die für die Besucher immer wieder gerne ein Spektakel veranstalten: Seelöwen spielen Fang-mich im Wasser und drehen Pirouetten, Affen machen lockende Bewegungen und hangeln sich durchs Gebälk. Mitten durchs Kängurugelände dürfen die Besucher spazieren und – wie auch im Streichelzoo bei den Ziegen – direkt auf Tuchfühlung mit den Tieren gehen.

Wen Reptilien und Amphibien faszinieren, der wird vom »Reptilium«, einem der größten Terrarien- und Wüstenzoos in Deutschland, begeistert sein. Nicht nur Schlangen, Echsen, Krokodile, Kaimane, Leguane, Frösche, Kröten und Schildkröten – auch Spinnen gibt es hier zu sehen. Über tausend Tiere leben in den Terrarien und Gehegen. Besondere Spannung verspricht die Fütterung der Großschlangen an jedem ersten Donnerstag im Monat.

KARTE ▶ E4

Was: Landauer Zoo und Reptilium
Wo: Landau in der Pfalz; Zoo: Hindenburgstraße 12; Reptilium: Werner-Heisenberg-Str. 1
Wann: Zoo: März–Okt. tgl. 9–18 Uhr, Nov.–Feb. 9–16 Uhr, Tel. 0 63 41/13 70 10; Reptilium: tgl. 10–18 Uhr, Tel. 0 63 41/5 10 00
Wie viel: Zoo: 6 €, Jugendliche (13–17 J.) 5 €, Kinder (4–12 J.) 4 €, Hunde (an der Leine) 2,50 €, Zooschulunterricht kostet extra, Infos im Internet; Reptilium: 13,50 €, ermäßigt 10 €, Kinder (5–14 Jahre) 8,50 €
Web: www.zoo-landau.de, www.reptilium.de

Strampelpfade durch die Pfalz

In Bewegung geraten Draisinen nur mit Hilfe von Muskelkraft – die originelle Fortbewegungsart macht also fit und fördert die Gesundheit. Ob zu zweit, als Familie, mit Hund oder in der Gruppe – es macht Spaß und fördert den Teamgeist. Vorne sitzen zwei oder drei Radler auf einem Fahrradsattel und treten in die Pedale, während die »passiven« Mitfahrer Schranken öffnen, schließen und die Verpflegung bereithalten. Die Südpfalz-Draisinenbahn führt vom Bahnhof Bornheim bei Landau über die Schienen einer stillgelegten Bahntrasse etwa 13 km durch die Rheinebene nach Osten bis Lingenfeld am Rhein und zurück. Die Draisinen bieten vier bis sieben Personen Platz. Die Route verläuft eben; Gegenverkehr ist dank festgelegter Fahrtzeiten nicht zu befürchten. Von Süden nach Norden führt eine weitere Draisinenroute durchs Glantal im Nordpfälzer Bergland. Verleihstationen stehen in Altenglan, Lauterecken und Staudernheim bereit. Auf der 40 km langen Strecke »radelt« man an 28 Haltepunkten vorbei; die Rückkehr erfolgt mit öffentlichen Verkehrsmitteln. Besonders pfiffig ist die Handhebeldraisine, in der acht bis 13 Personen Platz finden. Vier Leute sorgen für Antrieb, während das Gefährt in drei Stunden über 10 km von Altenglan nach St. Julian und zurück fährt. Für alle Draisinentouren ist eine Voranmeldung erforderlich. Unterwegs laden Picknicktische zur Rast ein; Restaurants liegen ebenfalls an der Strecke.

Mit 10 km/h geht es durch die Pfalz.

KARTE ▶ E4

Was: Südpfalz-Draisinenbahn, Glantal-Draisinenbahn
Wo: Bornheim–Lingenfeld; Altenglan–Staudernheim
Wann & wie viel: Frühjahr bis Herbst; unterschiedliche Preise, Infos im Internet oder unter Tel. 0 63 27/96 10 16 (Südpfalz) bzw. 0 63 81/42 42 70 (Glantal)
Essen & Trinken: Tarjans Lehrer Lämpel, Hauptstr. 67, Bornheim, tgl., Tel. 0 63 48/98 26 66; Pfälzer Hof, Hauptstr. 12, Lauterecken, Fr–Mi, Tel. 0 63 82/73 38
Web: www.suedpfalz draisine.de, www.draisinen tour.de

Seiltanz in luftiger Höhe

Ohne Gurt und Helm darf niemand den Waldboden verlassen.

Sind Sie schon mal auf einem Snowboard durch den Wald gesaust? Oder an der Seilwinde über 250 m in die Lichtung gerutscht? Nein? Dann ab in den Kletterpark »Action Forest« in Kandel. Hier kann man von Stamm zu Stamm schwingen, über ein Seil tanzen und auf dem Snowboard zum nächsten Baum gleiten – selbstverständlich immer gut gesichert. Der Kletterpark im Bienwald bietet 16 Parcours unterschiedlicher Schwierigkeitsgrade an, darunter einige, bei denen selbst Profis an ihre Grenzen stoßen. Nach einer ausführlichen Einweisung mit Probeschwingen, Einhaken und Ausklinken heißt es: Hinein ins Vergnügen und hinauf in luftige Höhen. Denn am Boden ist man erst wieder, wenn man die nächste Klettertour in Angriff nimmt. Gerade Anfängern hilft es gelegentlich, wenn jemand mit Rat und Tat zur Seite steht und ihnen Mut macht. Bei Fragen steht ein gut geschultes Team bereit, das auch darüber wacht, dass die Kletterer sämtliche Regeln und Sicherheitsvorschriften beachten. Alle benötigten Hilfsmittel und Materialien werden bereitgestellt und sind bereits im Eintrittspreis enthalten. Wer einen der drei Profiparcours, darunter den »Ironman« angehen will, erhält gegen Aufpreis eine zusätzliche Schulung.

KARTE ▶ E4

Was: Kletterpark Fun Forest
Wo: Kandel, Badallee
Wann: April–Okt. tgl., unterschiedl. Öffnungszeiten, Infos im Internet oder unter Tel. 0 72 75/61 80 32
Wie viel: 18 €, Kinder (7–13 Jahre) 13 € für drei Std., Zuschauer frei
Essen & Trinken: parkeigene Gaststätte oder Selbstverpflegung
Web: www.abenteuerpark-kandel.de
Sonstiges: Bei Homburg/Saar befindet sich ein etwas kleinerer Fun-Forest-Kletterpark mit drei Übungsstrecken und sechs weiteren Parcours.

TIPP 63

DAHN

Wanderung auf dem Felsenpfad

Sagenumwobene Steinriesen

Hoch ragen sie über die Baumwipfel hinaus, steil und schroff wirken ihre Flanken, von ihren Plateaus eröffnen sich herrliche Blicke über den Wasgau: Die Sandsteinriesen des Dahner Felsenlandes haben der Region nicht umsonst ihren Namen gegeben. An vierzehn der markanten, sagenumwobenen Felsentürme führt der Dahner Felsenpfad vorbei – ein 12 km langer, sehr gut ausgeschilderter Premiumwanderweg, der einige Kondition und Trittsicherheit erfordert. Fünf Stunden reine Gehzeit sollte man einplanen, teilweise geht es steil bergauf und -ab. Wer's gemütlicher angehen will, kann Teilstrecken wählen; kostenlose Wanderkarten hält die Dahner Touristeninformation bereit. Wer die Route in ihrer ganzen Länge erwandert, wird begeistert sein von der Vielfalt der Buntsandsteinformationen. Höhlen, Bänke, Klüfte, Vorsprünge, Durchbrüche und Spalten sind nur einige der Verwitterungsformen, die der Pfälzerwald allein auf so kleinem Raum zu bieten hat. Die Dahner Hütte lädt im Schneiderfeld zur gemütlichen Rast ein. Wer will, kann im warmen Wasser des Felsland-Badeparadieses entspannen.

> Die Felsengruppe »Braut und Bräutigam« wie auch der Hochfelsen in der Nähe der Burg Altdahn sind ein Paradies für Klettersportler.

KARTE ▶ D4

Was: Dahner Felsenpfad
Wo: Dahn
Wann: ganzjährig, nur bei trockenem Wetter
Essen & Trinken: PWV-Hütte im Schneiderfeld, Tel. 0 63 91/40 99 03, April–Okt. Mi–So, Nov.–März Mi, Sa/So 10–18 Uhr; Hotel Felsenland, Im Büttelwoog, Tel. 0 63 91/9 23 70 (ab 16 Uhr)
Web: www.dahner-felsenland.net, www.meinfelsenland.de, www.felsland-badeparadies.de
Sonstiges: Tourist-Info, Schulstr. 29, Tel. 0 63 91/9 19 62 22; Felsland-Badeparadies, Tel. 0 63 91/21 79, tgl. ab 9 Uhr

Das Burgentrio von Dahn

Altdahn, Grafenstein und Tanstein heißen die drei Burgen, die einst majestätisch auf den steil aufragenden Felsen des Schlossbergs im Osten von Dahn thronten. Heute beeindrucken noch ihre Ruinen – wahre Meisterleistungen mittelalterlicher Baukunst. Zusammen bilden sie die größte Burganlage der Pfalz. Auf der nordöstlichen Klippe wurde vor etwa 800 Jahren Burg Altdahn errichtet. Etwas später kam Burg Grafendahn dazu, die kleinste der drei Burgen. Am südwestlichen Ende liegt Burg Tanstein auf zwei Felstürmen, die einmal über eine hölzerne Brücke miteinander verbunden waren; sie gilt als die älteste der drei Burgen. Das Burgenensemble, ursprünglich im Besitz der Herren von Dahn, wurde im Laufe seiner wechselvollen Geschichte zerstört oder verfiel. Heutzutage ist es spannend, durch die Tunnel, Gänge und unterirdischen Felsenkammern der Ruinen zu klettern, in Höhlen und Brunnenschächte zu spähen und über steile Treppen, Stiegen und Leitern bis aufs höchste Plateau hinaufzusteigen. Die Aussicht ist einfach atemberaubend und man versteht die strategische Bedeutung, die der Ort früher besaß. Im ehemaligen Stall von Grafendahn befindet sich heute ein Burgenmuseum mit Fundstücken aus der Umgebung. Am zweiten Wochenende im August findet das »Mittelalterliche Spectaculum« am Fuß des Burgentrios statt. Vom Kurpark in Dahn führt ein schöner Wanderweg über den Ehrenfriedhof zu den drei Ruinen; ein Abstecher zum Aussichtsfelsen Hochstein ist ebenfalls lohnenswert.

KARTE ▶ D4

Was: Burgen Altdahn, Grafenstein und Tanstein
Wo: Dahn
Wann: ganzjährig, 10–18 Uhr; jeweils steiler Anstieg (15 Min.) vom Parkplatz; Infos unter Tel. 0 63 91/36 50; Burgmuseum: Karfreitag–Okt. tgl. 11–17 Uhr
Wie viel: Burgmuseum: 2 €, Kinder 1 €
Essen & Trinken: Hotel Pfalzblick, Goethestr. 1, Dahn, Tel. 0 63 91/40 40; Speisemeisterei Lüders, Winterbergstr. 69, Erfweiler, Tel. 0 63 91/22 08
Web: www.dahner-felsenland.net, www.pfalzblick.de, www.speisemeisterei-pfalz.de

Von Wildschweinen, Wisenten und Wölfen

Tieren aus heimischen Wäldern begegnet man hautnah im Wild- und Wanderpark Südliche Weinstraße bei Silz. Natürlich kann man hier keine Wölfe knuddeln oder Wildschweine kraulen – nur ungefährliche Tierarten wie Rot- und Damwild bewegen sich frei durch große Gehege und zeigen keinerlei Berührungsängste, vor allem nicht gegenüber denjenigen, die Wildfutter mitführen. Es ist wahrlich ein besonderes Gefühl, mitten durch ein Rudel grasender Rehe zu wandern oder die Größe eines Hirschgeweihs ohne trennenden Zaun aus der Nähe betrachten zu können. Zwei Rundwege führen über das 100 ha große Gelände, auf dem über 400 Tiere aus 15 Arten leben – darunter Wisente, Frettchen, Polarfüchse, Mufflons, Steinmarder und Uhus. Von April bis Oktober sollte man gegen 11 Uhr im Wildpark sein. Dann findet nämlich die Fütterung der Wölfe statt und man kann sicher sein, die scheuen Tiere auch zu sehen. Am Eingangsbereich des Geländes gibt es einen Abenteuerspielplatz, eine Gaststätte und einen Streichelzoo mit Hasen, Ziegen, Schafen und Minipferden. An Wochenenden wird Ponyreiten für Kinder angeboten.

Gar nicht scheu sind die Tiere, wenn es etwas zu futtern gibt.

KARTE ▶ D4

Was: Wild- und Wanderpark Südliche Weinstraße
Wo: 76857 Silz, Hauptstraße
Wann: ganzjährig, Mitte März–Mitte Nov. ab 9 Uhr, sonst ab 10 Uhr, Tel. 0 63 46/55 88

Wie viel: 5,50 €, ermäßigt 5 €, Kinder (6–16 J.) 3 €, (3–5 J.) 2 €, Familienkarte 13,50 €
Essen & Trinken: Gaststätte auf dem Gelände, Tel. 0 63 46/98 95 25

Web: www.wildpark-silz.de
Sonstiges: Für den kurzen Rundweg sollte man 45–60 Minuten rechnen, für den langen Rundweg 90–120 Minuten. Hunde dürfen nicht mitgeführt werden.

Der Blick von Burg Lindelbrunn über den Wasgau hat zu jeder Jahreszeit seinen Reiz.

Eine wunderbare Aussicht ...

... hat man vom Felsenplateau der Burgruine Lindelbrunn. Der Panoramablick reicht über dichte Wälder, offene Talwiesen – bei klarer Sicht sogar bis zur südlichen Haardt und zur Reichsburg Trifels. Von der Burg ist nicht viel übriggeblieben – einige Mauern, Treppenaufgänge, ein Aborterker und Reste der Toranlage. Im 12. Jh. als Reichsburg gegründet, hatte Lindelbrunn im Laufe seiner Geschichte mehrere Besitzer. Im Bauernkrieg wurde es 1525 niedergebrannt und verfiel. Am Fuße der Burg liegt das Wanderheim Cramerhaus mit idyllischem Biergarten. Von hier führt ein steiler Waldweg in nur 15 Minuten hinauf zur Ruine. Der Rundgang um die Burg dauert etwa 30 Minuten. Wem nach mehr Bewegung ist, dem stehen drei Nordic-Walking-Strecken zur Verfügung und mehrere Wanderwege des Pfälzerwaldvereins, die zu Ausflugszielen in der Umgebung führen, z. B. zur Burg Berwartstein, zum Drachenfels oder zum Wild- und Wanderpark nach Silz.

KARTE ▶ D4

Was: Burgruine Lindelbrunn
Wo: Lindelbrunn bei Vorderweidenthal
Wann: ganzjährig
Wie viel: Eintritt frei
Essen & Trinken: Waldgaststätte Cramerhaus, Lindelbrunn 4, 76889 Vorderweidenthal (direkt am Wanderparkplatz Lindelbrunn), Tel. 0 63 98/2 37; April–Okt. Di–So durchgehend warme Küche bis ca. 20 Uhr, Nov.–März Mi–So bis ca. 18 Uhr; traditionelle Pfälzer Gerichte und Wildspezialitäten
Web: www.cramerhaus.de

Symbiose von Wald und Wein

Hoch oben über dem Weinort Klingenmünster ragt der 23 m hohe, quadratische Bergfried der liebevoll restaurierten Burg Landeck aus dem Wald heraus. In der Nähe liegen die Burgen Schlössel und Heidenschuh. Ende des 17. Jh. wurden die drei Burgen vermutlich im Pfälzischen Erbfolgekrieg von französischen Truppen zerstört. Damals wie heute war Weinanbau ein wesentlicher Wirtschaftsfaktor. Die Rebstöcke wachsen sogar bis an die Burgmauern der Landeck heran. Im Innenhof lädt ein gemütlicher Biergarten zum Verweilen ein. Ein kleines Burgmuseum ist im Turm versteckt. Empfehlenswerte Wanderziele in der Umgebung sind der Martinsturm auf 504 m Höhe, die Ruine Schlössel sowie der Weiße Felsen, ein Aussichtspunkt mit Blick auf die endlose Weite des Pfälzerwaldes. Eine Wanderung führt durch lichte Kastanienwälder über die Kaiserbacher Mühle bis zur Madenburg bei Eschbach; von hier kann man mit dem Bus zurückkehren. Der zu Füßen der Burg Landeck gelegene Weinort Klingenmünster ist bekannt für sein mildes Klima im Schutze der Berge und seine vollreifen Trauben, aus denen hochwertige Weine hergestellt werden. Der Ort selbst hat einen hübschen Kern mit vielen Winzerstuben und Weingütern. Wer nicht mit dem Auto zur Burg Landeck hinauffahren möchte, wandert vom Wanderparkplatz am östlichen Ortsausgang oder von der nördlich gelegenen Pfalzklinik Landeck über den Panoramaweg.

Neben fruchtigen Weißweinen reifen hier auch Spätburgunder, Dornfelder, Schwarzriesling, Merlot und Saint Laurent.

KARTE ▶ E4

Was: Burg Landeck
Wo: Klingenmünster
Wann: ganzjährig, tgl. ab 11 Uhr
Wie viel: Eintritt frei
Essen & Trinken: Burgschänke Landeck, 76889 Klingenmünster, Tel. 0 63 49/87 44
Web: www.heimat-pfalz.de, www.klingenmuenster.org, www.burglandeck-pfalz.de
Sonstiges: Das traditionsreiche Landeckfest, eines der ältesten Mittelalterspektakel der Pfalz, findet jedes Jahr am letzten Juniwochenende statt; Tourist-Info, Steinstr. 2, 76889 Klingenmünster, Tel. 0 63 49/92 80 92.

Bäche und Seen liegen bei dieser Tour durch den Wasgau oft direkt am Wegesrand.

Durch die Täler der tausend Weiher

Sie schlängeln sich durch idyllische Täler und wechseln häufig die Namen, die kleinen Bachläufe im Pfälzerwald, denen diese Tour folgt. Auf engen, kurvigen Straßen geht es durch einige der schönsten Täler des südlichen Wasgaus von Salzwoog über den Stephanshof und die Eselssteige ins Saarbachtal und über Ludwigswinkel nach Fischbach. Zwischen den Weilern Langmühle und Glashütte lässt der derzeitige Zustand des Straßenbelags sehr zu wünschen übrig; vor allem Motorradfahrer sollten auf diesem Streckenabschnitt wie auch in den scharfen Kurven hinab ins Grünbachtal und nach Ludwigswinkel vorsichtig fahren. Ansonsten gilt es, die einzigartige Landschaft zu genießen: Der Mummelsee und die Badeseen Schöntalweiher, Sägmühlweiher und Saarbacher Hammer liegen direkt am Wegesrand. Viele kleine, namenlose Weiher, Feucht- und Sumpfgebiete liegen etwas abseits im Wald. Empfehlenswert ist auch die Variante durch das wunderschöne Storrbachtal kurz hinter Salzwoog bis zum Melkerplätzelweiher. Hier hat das Triften Tradition – Schaukästen informieren über die Technik der Flößer, die im 19. Jahrhundert das gefällte Holz in Triftkanälen zu Tal befördert haben.

KARTE ▶ C4

Was: Ausflug durch den südlichen Wasgau
Wo: Salzwoog, Stephanshof, Ludwigswinkel, Fischbach, Storrbachtal
Wann: ganzjährig
Essen & Trinken: Gasthaus zum Landgrafen, Landgrafenstr. 33, 66996 Ludwigswinkel, Tel. 0 63 93/4 05; Hotel-Restaurant Saarbacherhammer, 66996 Ludwigswinkel, Tel. 0 63 93/9 21 30, Biergarten direkt am See, Motorradfahrer sind herzlich willkommen.
Web: www.pirmasens-land.de, www.pfalz.de, www.ludwigswinkel.de, www.zumlandgrafen.de, www.saarbacherhammer.de

Barfuß durch das Bachbett

Barfußpfade mag es viele geben – doch die zehn Stationen des 1,6 km langen Barfußpfades im Luftkurort Ludwigswinkel sind nicht nur für die Fußsohlen, sondern auch für die Beine ein tolles Erlebnis. Wenn es z. B. gilt, durch das kalte Wasser des Baches zu laufen, das unterschiedlich beschaffene Bachbett zu fühlen, knietief durch schlüpfrigen Sumpf- und Moorboden zu waten, über Holzstämme zu balancieren, das Drücken der Kiesel oder das Kitzeln der Grashalme unter den Sohlen zu ertragen. Das weitläufige Gelände des Barfußpfades liegt im Freizeitpark Birkenfeld in landschaftlich reizvoller Lage am Kurpark mit Blick auf Ludwigswinkel. Im Freizeitpark befinden sich auch ein Minigolfplatz und ein toller Abenteuerspielplatz, auf dem die Kinder stundenlang herumtollen können, während Papi in der benachbarten Grillhütte die Würstchen über dem Feuer wendet. Wer noch mehr Abwechslung und Bewegung sucht, wird einen Waldspaziergang entlang dem Skulpturenpfad genießen. Der Eingang befindet sich schräg gegenüber von Kiosk, Biergarten und Parkplatz des Freizeitparks Birkenfeld. Auf einer Länge von 2,5 Kilometern lassen dreiunddreißig in Holz festgehaltene Waldgeister, Zwerge oder Gnome mit ihren Fratzen und mystischen Formen die sagenumwobene Natur- und Kulturlandschaft des Wasgaus lebendig werden.

Plitsch, platsch und knirsch – der Barfußpfad ist ein Erlebnis für nackte Füße.

KARTE ▸ C4

Was: Freizeitpark Birkenfeld, Skulpturenweg
Wo: Ludwigswinkel
Wann: ganzjährig, Minigolf nur im Sommer
Wie viel: Barfußpfad: 1,50 €, Kinder (6–16 J.) 1 €
Essen & Trinken: Hotel-Restaurant Rösselsquelle, Am Sägmühlweiher 1, 66996 Ludwigswinkel, Mi–Mo, Tel. 0 63 93/2 50; Hotel-Restaurant Saarbacherhammer, Ludwigswinkel, Tel. 0 63 93/9 21 30
Web: www.ludwigswinkel.de, www.roesselsquelle.de
Sonstiges: Tourist-Info Ludwigswinkel, Tel. 0 63 93/4 98

Glück auf!

... heißt es bei der Führung, die 420 m tief in das unterirdische Netz aus Gängen, Hallen und Schächten der Eisenerzgrube in Nothweiler führt. Hier haben bereits die Kelten Erz abgebaut. Um 1850 meißelten rund 250 Kumpels den wertvollen Rohstoff in mühsamer Handarbeit aus dem Berg; 1883 wurde der Betrieb eingestellt. Heute gilt der Sankt-Anna-Stollen als Kulturdenkmal. Unter Tage ist es zu jeder Jahreszeit feucht und 9 °C kühl. In den Stollen stehen Förderwagen, mit denen das Erz einst ans Tageslicht geschoben wurde. Auch Werkzeuge, Lampen und Arbeitskleidung aus der Zeit der aktiven Nutzung sind zu sehen. Der Beruf des Bergmanns war mit enormen Mühen und Strapazen, viel Schweiß und Schmutz verbunden – die Bedingungen, unter denen die Männer gearbeitet haben, sind trotz fachkundiger Erklärungen kaum noch vorstellbar. Kinder haben viel Spaß dabei, sich mit der rötlichen, eisenerzhaltigen Erde das Gesicht zu bemalen. Vom Parkplatz führt ein etwa 1 km langer Weg durch den Wald bis zum Eingang des Sankt-Anna-Stollens. Hier befinden sich auch ein Souvenirladen und ein Infokiosk. Im ehemaligen Gemeindehaus von Nothweiler gilt es, ein weiteres Kleinod zu entdecken: das »Instrumentarium«. Mit über 400 Exponaten beherbergt das Museum für Optik, Messtechnik und mathematische Geräte eine kuriose Sammlung wissenschaftlicher Messinstrumente und optischer Gerätschaften, darunter Hilfsmittel zur Landvermessung, Kartografie und Navigation, Kameras, Fernrohre, Waagen und sogar einen Sonnentelegrafen.

Helm und warme Kleidung sind Pflicht – unter Tage hat es konstant 9 °Celsius.

KARTE ▶ D4

Was: Sankt-Anna-Stollen, Instrumentarium
Wo: Nothweiler
Wann: Schaubergwerk: April–Okt. Di–So 10–18 Uhr, Tel. 0 63 94/53 54; Instrumentarium: Sa/So/Feiertag 10–12 und 16–18 Uhr, Mai–Okt. auch Fr 16–18 Uhr, Tel. 0 63 94/12 23
Wie viel: Bergwerk: 3,50 €, Kinder (6–14 J.) 1,80 €; Museum: 2 €, Kinder 1 €
Essen & Trinken: Landgasthaus zur Wegelnburg, Hauptstr. 15, Nothweiler, Mi–Mo, Tel. 0 63 94/2 84
Web: www.nothweiler.de, www.zur-wegelnburg.de
Sonstiges: Tourist-Info Tel. 0 63 91/9 19 62 22

Zwischen Pfalz und Elsass ...

... ragt das Biosphärenhaus Pfälzerwald/Nordvogesen in die Höhe, umrahmt von der idyllischen Tallandschaft des Saarbaches mit seinen Auen, Wiesen, Feuchtgebieten und bewaldeten Bergflanken. Spielen, staunen, anfassen und ausprobieren heißt es in den Ausstellungsräumen des Hauses wie auch auf den Biosphären- und Wassererlebniswegen in der Umgebung. Das futuristische Glasgebäude steht am Rande des Ortes Fischbach, kurz vor der französischen Grenze in leicht erhöhter Lage im Wald. In den Ausstellungsräumen werden interessante Informationen über das Leben von Mensch, Tier und Pflanze im größten zusammenhängenden Waldgebiet Westeuropas anschaulich und mithilfe multimedialer Elemente vermittelt. Geradezu magische Anziehungskraft übt der Baumwipfelpfad aus, auf dem man in Höhen zwischen 18 und 35 m durch die Baumkronen gehen kann. Stets durch Sicherheitsnetze geschützt, kann man hier über Hängebrücken klettern oder über die schwankende Tellerbrücke balancieren. Pädagogische Stationen und Erlebnisbereiche zeigen, wie unterschiedlich schwer verschiedene Holzarten sind, wie eine Eule ruft, ein Specht klopft oder wie Vögel nisten. Am Ende des über 270 m langen Pfades rutscht man in rasanter Fahrt durch den Tunnel der Röhrenrutsche zurück auf den Waldboden und hat neben Momenten des Kribbelns und der Spannung viel über Natur und Umwelt gelernt. Besonders für Kinder und Jugendliche ist das Biosphä-

KARTE ▶ C4

Was: Biosphärenhaus, Baumwipfelpfad, Wassererlebnisweg
Wo: 66996 Fischbach bei Dahn, Am Königsbruch 1
Wann: Feb./März Mo–Fr 9.30–15.30 Uhr, April/Mai/Okt. tgl. 9.30–17.30, Juni–Sept. tgl. 9.30–18.30 Uhr, Öffnungszeiten Nov.–Jan. im Internet oder unter Tel. 0 63 93/9 21 00
Wie viel: 8 €, Kinder (6–17 J.) 6 €, Familien ab 12 €
Essen & Trinken: Landhaus Tausendschön, Bitscherstr. 7a, Fischbach, Tel. 0 63 93/57 18
Web: www.wipfelpfad.de, www.landhaustausendschoen.de

renhaus ein nachhaltiges Erlebnis. Nur wenige Meter vom Biosphärenhaus entfernt, beginnt der Wassererlebnisweg. An 14 Stationen können sich Spaziergänger auf dem 2 km langen Pfad über die wichtigsten Ressourcen unseres Planeten informieren – und zwischendurch auf Wunsch auch gerne ein wenig Abkühlung finden. Ohne Wasser kein Leben! Diese Tatsache wird hier anschaulich verdeutlicht.

Die Tellerbrücke ist einer der spannendsten Abschnitte des Baumwipfelpfads, bei dem man 18 bis 35 Meter über dem Waldboden geht.

Sonstiges: Durch Fischbach führt eine reizvolle Radstrecke, die 35 km lange Biosphärentour: Nach anfänglicher Steigung auf unbefestigten Waldwegen erreicht man die Hohlen Felsen und hat damit bereits den anstrengendsten Teil der Strecke hinter sich. Weiter geht's durchs wunderschöne Moosbachtal nach Dahn. Nun folgt man dem Wieslautertal nach Süden und kehrt über das herrliche Örtchen Rumbach zurück nach Fischbach. Tourist-Info, Bergstr. 11, Fischbach, Tel. 0 63 93/ 8 09 01 43

Burgen und Bürger

Burg Berwartstein: Willkommen im Mittelalter!

Hans Trapp, Marschall des Kurfürsten Philipp von der Pfalz und Schlossherr auf Burg Berwartstein, war weithin berüchtigt für seine Skrupellosigkeit. So soll er zur Vertreibung unliebsamer Besucher heißes Pech die Schächte hinabgeschüttet haben. Heute ist jeder Bürger auf Berwartstein willkommen – und zwar ohne Pech. Eine geführte Besichtigung bietet neben vielen Anekdoten auch Geschichte zum Anfassen. Schließlich befindet man sich in der einzigen wieder aufgebauten und bewohnten Burganlage der Pfalz. Kammern und Terrassen, Küche und Felsenkeller der einstigen Ritterburg gewähren Einblick in das Alltagsleben im Mittelalter. Schöne Wandmalereien erzählen von der Zeit der Minnesänger; Wappen erinnern an die vielen Besitzer. Im historischen Rittersaal aus dem 13. Jahrhundert befindet sich heute eine Burgschänke, die Pfälzer Gerichte anbietet. Zu Füßen der Burg liegt der Seehof, ein beliebter Badesee mit Ausflugslokal. Richtung Busenberg ragt die Ruine Drachenfels aus dem Wald, eine auf zwei steilen Buntsandsteinblöcken errichtete Felsenburg. Von der Aussichtsplattform eröffnet sich dem Besucher ein herrlicher Blick auf Busenberg und die hügelige Umgebung.

KARTE ▶ D4

Was: Burg Berwartstein, Seehof, Burg Drachenfels
Wo: Erlenbach, Busenberg
Wann: Berwartstein: März–Okt. tgl. 9–18 Uhr, Nov.–Feb. Sa/So 13–17 Uhr; Drachenfels: ganzjährig frei zugänglich
Essen & Trinken: Burgschänke Berwartstein: Tel. 0 63 98/2 10; Kiosk am Seehof: nur in der Badesaison, Tel. 01 73/9 83 17 94; PWV-Hütte Drachenfels, Mi ab 11, Sa ab 12, So/Feiertag ab 9 Uhr, Tel. 0 63 91/18 77
Web: www.dahner-felsenland.net, www.burgberwartstein.de, www.erlenbach.net

Kurstadt mit Tradition

»Herrlich warm und erholsam«, schwärmen Besucher der Südpfalz-Therme in Bad Bergzabern. Die Heilkraft des Thermalwassers war schon den Kelten bekannt. Bei den Römern kamen hauptsächlich Offiziere und reiche Kaufleute in seinen Genuss – heute ist das Thermalbad mit Außenbecken (im Sommer 26 °C, im Winter 30 °C), Bewegungsbecken und angeschlossener Saunalandschaft jedermann zugänglich. Schwellduschen, Massagedüsen und Sprudelpilze lockern die Muskeln. Kurgäste erhalten ihre Anwendungen in einem separaten Bereich; allen anderen Besuchern steht ein Wellnessangebot mit Massagen, Ganzkörperpeelings, Softpackliegen, Bädern und Beautybehandlungen zur Verfügung. Die Petronella-Grotte, eine Art Dampfbad im römischen Stil, ist besonders beliebt. Im Kurpark erklärt ein 5,5 km langer Kneipp-Lehrpfad an fünf Stationen die Kneippschen Grundregeln für eine gesunde Lebensweise und lädt zum Ausprobieren ein. Im Herzen der Altstadt fallen die prachtvollen Renaissancefassaden des historischen Gasthofs zum Engel auf; das Schloss der Herzöge von Pfalz-Zweibrücken gilt als Wahrzeichen der Stadt. Dienstags und freitags findet auf dem mittelalterlich anmutenden Marktplatz zwischen 7 und 12 Uhr ein traditioneller Wochenmarkt statt.

Das Gasthaus zum Engel beherbergt das städtische Heimatmuseum.

KARTE ▶ D4

Was: Südpfalz-Therme, Haus zum Engel, Schloss
Wo: Bad Bergzabern, Therme: Kurtalstr. 27; Haus zum Engel und Schloss: Königstraße
Wann: ganzjährig, Therme: tgl. 9–23 Uhr; Heimatmuseum im Haus zum Engel: Di–Fr 16–18 Uhr, Sa/So 14–18 Uhr, Tel. 0 63 43/7 01 14; Schloss: Innenhof frei
Wie viel: Therme: ab 8 €, Kinder (3–15 J.) 4 €, kein Zutritt für Kinder unter 3 J., Tel. 0 63 43/93 40 10
Essen & Trinken: Gastronomie in der Therme
Web: www.suedpfalz-therme.de, www.bad-bergzaberner-land.de

Sieben Burgen auf einen Streich ...

... lassen sich in der Region um Schönau an einem Tag erwandern. Wer den Ehrgeiz für diese 23 km lange Tour hat, sollte früh aufstehen, denn mit einer Wanderzeit von 8–9 Stunden ist zu rechnen. Etwas gemütlicher ist die kürzere Variante im deutsch-französischen Grenzgebiet, die zu vier wunderschönen, allesamt einzigartigen Burgruinen führt (ca. 12 km, 5 Std. Wanderzeit). Beginnend in Schönau wandert man zunächst stetig bergauf zur Ruine Wegelnburg, der höchstgelegenen Burg der Pfalz. Vom Plateau auf dem mächtigen Felsblock hat man einen atemberaubenden Blick auf das unbewohnt wirkende Waldgebiet. Weiter geht es über die grüne Grenze zur Ruine Hohenburg mit ihren Felsenkammern, steilen Treppen und fabelhaften Aussichtspunkten. Ein Abstecher führt über Stock und Stein zur Ruine Löwenstein, von der nur noch wenige Mauerreste übrig sind. Burg Fleckenstein liegt etwas

KARTE ▶ C5

Was: Wegelnburg, Hohenburg, Burg Löwenstein, Burg Fleckenstein, Froensburg, Burg Wasigenstein, Burg Blumenstein
Wo: deutsch-französisches Grenzland Wasgau-Elsass, zwischen Schönau, Nothweiler und Lembach
Wann: ganzjährig, unterschiedl. Öffnungszeiten, s. Web
Wie viel: Eintritt frei, bis auf Burg Fleckenstein; Burg: 2,50 €, Kinder (4–18 J.) 2 €; Rätselburg: 9,50 €, Kinder (4–18 J.) 7,50 €; P'tit Fleck: 4,50 €, Kinder (4–18 J.) 4 €, Tel. 00 33/(0)3 88 94 28 52
Essen & Trinken: Landhaus Mischler, 66996 Schönau,

tiefer in einer Mulde und kann nur gegen Eintritt besichtigt werden. Eine Ausstellung, ein Erlebnispfad mit Rätseln für Kinder und ein Infozentrum gehören zum Ensemble. Von hier steigt man hinab ins Tal und überquert kurz vor Hirschthal erneut die Grenze. Dem Saarbach folgend wandert man zurück nach Schönau. Die längere Variante der Tour bleibt auf der französischen Seite und führt von Burg Fleckenstein über den Fleckensteiner Weiher immer der Markierung mit dem roten Balken folgend zu den Ruinen Froensburg und Wasigenstein; zurück nach Deutschland geht's an der Ruine Blumenstein vorbei nach Schönau.

Blick von der Wegelnburg, der höchstgelegenen Burg der Pfalz, über den Wasgau und die Nordvogesen.

Gebüger Str. 2, Mi–So, Tel. 0 63 93/14 25; Gimbelhof bei Burg Fleckenstein, Lembach, Tel. 00 33/(0)3 88 94 43 58
Web: www.fleckenstein.fr, www.wanderportal-pfalz.de, www.dahner-felsenland.net, www.landhaus-mischler.de, www.gimbelhof.fr, www.tourisme-nordalsace.fr
Sonstiges: Tourist-Info Dahner Felsenland, Schulstr. 29, 66994 Dahn, Tel. 0 63 91/9 19 62 22, Tourist-Info Sauer-Pechelbronn, Rue de l'Obermatt, 67360 Durrenbach, Tel. 00 33/(0)3 88 05 82 40

Flair, Flammkuchen, Festungsmauern

Ein Stückchen Elsass abseits aller Klischees – und doch irgendwie typisch, vor allem sehr malerisch – so präsentiert sich das kleine, direkt hinter der Grenze gelegene Städtchen Wissembourg. Uralte Fachwerkhäuser mit riesigen Dächern, hübsche Gassen, Geschäfte und Gaststätten machen einen Rundgang durch den mittelalterlichen Stadtkern sehr abwechslungsreich. Kein Zweifel, man befindet sich in Frankreich: Verlockende Tartelettes und Pralinen schmücken die Schaufenster der Pâtisseries, kleine Salons de Thé bieten Éclairs oder Mandelcroissants an, in Imbissbuden werden Crêpes gebacken und unter den Vorspeisen in den Restaurants finden sich Gerichte mit Muscheln, Schnecken oder Froschschenkeln. Gourmets und Leckermäuler sollten unbedingt beim Pâtissier-Chocolatier Rebert an der Place du Marché aux Choux vorbeischauen – bessere Konditorwaren findet man bis zum Atlantik nicht mehr! Aber Wissembourg hat nicht nur in kulinarischer Hinsicht viel zu bieten. Das ungewöhnlichste Gebäude ist sicher das Salzhaus von 1448 mit seinem windschiefen Dach und den charakteristischen Schleppgauben. Ursprünglich als Krankenhaus erbaut, diente es später der Lagerung von Salz und als Schlacht-

KARTE ▶ D5

Was: Sehenswürdigkeiten der Altstadt
Wo: Wissembourg
Wann: ganzjährig
Essen & Trinken: Hostellerie au Cygne, Rue du Sel 3, Wissembourg, Tel. 00 33/(0)3 88 94 00 16 (Mi, Do Mittag, So Abend geschl.); Pâtisserie Rebert, Place du Marché aux Choux 7, Wissembourg, Tel. 00 33/(0)3 88 94 01 66
Web: www.ot-wissembourg.fr, www.rebert.fr, www.hostellerie-cygne.com
Sonstiges: Tourist-Info, Place de la République 9, 67160 Wissembourg, Tel. 00 33/(0)3 88 94 10 11

Kreuzgang der ehemaligen Abteikirche St. Peter und Paul – nach dem Straßburger Münster die zweitgrößte Kirche des Elsass.

haus. »Klein-Venedig« nennen die Weißenburger den Bereich entlang der Lauter, wo sich mittelalterliche Häuser mit üppigem Blumenschmuck fast ineinanderzustapeln scheinen. Von der kleinen Brücke aus blickt man auf die im gotischen Stil erbaute ehemalige Abteikirche St. Peter und Paul aus dem 13. Jahrhundert, die flächenmäßig zweitgrößte Kirche im Elsass mit beeindruckenden Glasmalereien und Fresken im Inneren. Ein kleiner hübscher Uferpark lädt hinter der Kirche zum Flanieren ein. Gerber-, Winzer- und Patrizierhäuser säumen die Straßen der verwinkelten Altstadt, an jeder Ecke findet man herrliche Fotomotive. Die nötige Orientierung sowie Erklärungen über die Ursprünge und Nutzung der historischen Gebäude gibt ein Stadtplan, der bei der Touristeninformation gegenüber vom Rathaus erhältlich ist. Das Hôtel de Ville wurde nach dem verheerenden Brand vom 25. Januar 1677 in den Jahren 1741–1752 neu aufgebaut. Auf jeden Fall sollte man einen Spaziergang auf der alten Stadtmauer bzw. auf dem Stadtwall machen. Die weitgehend erhaltenen Befestigungen entstanden im 13. Jahrhundert und wurden zwischen 1746 und 1748 umgebaut. Unter herrlichen Laubbäumen führt der Stadtmauerweg oberhalb der Häuser entlang. Von hier hat man einen herrlichen Blick auf den romantischen Stadtkern.

Nur drei Kilometer nördlich von Wissembourg liegt direkt hinter der Grenze das Deutsche Weintor in Schweigen-Rechtenbach. Der wuchtige Torbau markiert den Beginn der Deutschen Weinstraße.

Quer durchs Elsass

Die abwechslungsreiche Autotour verläuft immer südlich der deutschen Grenze durch hübsche Ortschaften, vorbei an Burgruinen und in herrlich abgelegene Weiler. Die Einkehrmöglichkeiten sind zahlreich und vielerorts gilt es, hervorragende französisch-elsässische Küche auszuprobieren. Von Wissembourg fährt man unterhalb des 526 m hohen Luchsenkopfes nach Climbach und biegt im Ortszentrum in Richtung Wingen ab. Im Ortsteil Petit Wingen führt ein enges Sträßchen nach rechts in Richtung Litschhof und zum Gimbelhof. Dieser Gast- und Bauernhof ist wegen seiner herrlichen Lage und guten Küche ein sehr beliebtes Ausflugsziel und vor allem an Wochenenden gut besucht. Im Wald oberhalb des Gimbelhofs befindet sich ein Ritterspielplatz. In Sichtweite, einen etwa 20-minütigen Fußmarsch entfernt, liegt die Ruine Fleckenstein mit dem Erlebnismuseum »P'tit Fleck«. Das Eldorado für Kinder zwischen vier und zwölf Jahren ist pädagogisch hervorragend aufbereitet. Zurück in Petit Wingen durchquert man Wingen und Lembach und fährt weiter nach Nieder- und Obersteinbach. Hier befindet sich das »Haus der Burgen«, eine ständige Ausstellung über die Burganlagen und Ruinen der Region sowie das Leben im Mittelalter. Die Ruinen der Felsenburg Wasigenstein und der Burg Groß-Arnsberg (Grand-Arnsbourg) sind auf Wanderwegen zu erreichen. Der letzte Teil der Route führt ins lothringische Sturzelbronn, wo die Reste einer ehemaligen Zisterzienserabtei zu besichtigen sind; der Lothringer Verein für Altertumskunde informiert auf einer Tafel ausführlich über die verloren gegangenen Klostergebäude. Westlich der Ortschaft, verborgen im Wald, liegt ein riesiger Truppenübungsplatz, dessen Areal bis kurz vor Bitche reicht.

> Eine winzige Straße führt von Obersteinbach zum abgelegenen Weiler Wengelsbach. Von hier kann man an der Ruine Blumenstein vorbei über die grüne Grenze nach Schönau wandern. Ein hübsches, kleines Gasthaus mit Sonnenterrasse lädt zur Einkehr ein.

KARTE ▶ D5

Was: Mit dem Auto durch die Nordvogesen
Wo: Wissembourg–Sturzelbronn
Wann: ganzjährig
Wie viel: Burg Fleckenstein (→ Tipp 74/S. 106/107); Haus der Burgen: 2 €
Wann: Fleckenstein: Öffnungszeiten s. Web; Haus der Burgen (Maison des châteaux-forts): April–Nov. Öffnungstage unter Tel. 00 33/(0)3 88 09 50 65
Essen & Trinken: Gimbelhof, Lembach, Tel. 00 33/(0)3 88 94 43 58
Web: www.fleckenstein.fr, www.gimbelhof.fr, www.tourisme-nordalsace.fr, www.dahner-felsenland-wirte.de

Lembach an der deutsch-französischen Grenze bietet heute ein friedliches Bild.

Grenzerfahrungen

Bei Lembach befindet sich eines von vielen Festungswerken der »Ligne Maginot«. Der Wall wurde 1929–32 zur Verteidigung der französischen Ostgrenze errichtet und erstreckte sich von Dünkirchen an der belgischen Grenze bis nach Menton an der Côte d'Azur. Die »Four à Chaux« (Kalkofen) genannte Anlage in Lemberg kann im Rahmen von Führungen besichtigt werden. Der Überbau umfasst die über der Erdoberfläche sichtbaren Einrichtungen wie Artilleriegeschütztürme, Infanterietürme, Kasematten, Panzersperranlagen, ein Stacheldrahtnetz und Minenfelder, die selbstverständlich entmint wurden. Durch ein Stahltor im gewaltigen Betonbau der Kasematten betritt man die unterirdischen Gänge und Hallen, in denen sich Kasernen mit Mannschaftsschlafräumen, Telefon- und Befehlszentrale, Brunnen- und Filterstation, Kantine, Küche, elektrische Schaltstation und Maschinenräume befinden. Ein großer Teil der originalen Einrichtung und Ausstattung ist erhalten geblieben. Die Verteidigungsanlage wurde in den Jahren 1938 bis 1940 von französischen Truppen genutzt und fiel anschließend in die Hände der deutschen Wehrmacht.

KARTE ▶ D5

Was: Festungsanlage Four à Chaux
Wo: Lembach
Wann: unterschiedl. Öffnungszeiten u. Führungen, Infos im Internet oder unter Tel. 00 33/(0)3 88 94 48 62
Wie viel: 5,50 €, Kinder (6–12 J.) 2,50 €
Essen & Trinken: L'Auberge du Cheval Blanc, Rue de Wissembourg 4, Lembach, Tel. 00 33/(0)3 88 94 41 86
Web: www.ligne-maginot.fr, www.lignemaginot.fr, www.ot-lembach.com, www.au-cheval-blanc.fr
Sonstiges: Tourist-Info, Rue de Bitche 23, Lembach, Tel. 00 33/(0)3 88 94 43 16

Wissenswertes über Pfälzerwald & Nordvogesen

von links nach rechts:
Dahner Sommerspiele ▸ S. 115
Ostern im Zoo Kaiserslautern ▸ S. 115
Dürkheimer Wurstmarkt ▸ S. 117
Kammgarn International Bluesfestival ▸ S. 117

Veranstaltungen in der Region

Die Pfälzer feiern leidenschaftlich gern und so oft, dass ein ausführlicher Veranstaltungskalender den gesamten Reiseführer in Anspruch nehmen würde. Neben der hier dargestellten Auswahl informieren die Gemeinden über aktuelle Feste; die Pfalztouristik in Neustadt gibt kostenlose Programmhefte heraus, die Events nach Monaten geordnet auflisten.
Weitere Infos gibt's im Internet unter www.suedwestpfalz-touristik.de und www.pfalz.de oder unter Tel. 0 63 21/91 23 22.

Januar

Prunksitzungen der Faschingsvereine
In Waldfischbach-Burgalben, Herschberg, Hornbach und Pirmasens.
www.suedwestpfalz-touristik.de

Februar

Straßenfastnacht, Rosenmontagsbälle und Fastnachtsumzüge
In Waldfischbach-Burgalben, Dahn, Rodalben, Bundenthal, Hauenstein, Münchweiler, Ramstein, Kaiserslautern und Zweibrücken.
www.suedwestpfalz-touristik.de

März

Mandelblütenfest
In Neustadt-Gimmeldingen.
Termin variiert je nach Mandelblüte, www.neustadt.eu

Hanselfingerhut-Sommerspiel
Ein als Hanselfingerhut verkleideter Mann irrt durch die Straßen, küsst Mädchen und vertreibt den Winter, der anschließend verbrannt wird.
3. Sonntag vor Ostern, www.deidesheim.de

April

Osterfest im Zoo Kaiserslautern
Mit Osterhasendorf und Eiersuche.
Osterwochenende, www.zoo-kl.de

Mai

Pirminius-Frühjahrswanderwoche
Mit geführten Wanderungen rund um Pirmasens.
Erste Woche im Mai, www.pirmasens.de

Kammgarn International Jazzfestival
Hochkarätige Jazz-Ensembles im Kammgarn-Kulturzentrum Kaiserslautern.
Ende April/Anfang Mai, www.kammgarn.de

Gallorömisches Kinderfest
Im deutsch-französischen Kulturpark in Bliesbruck-Reinheim mit Gladiatorenkämpfen; Eintritt frei.
Sonntag, Mitte Mai, www.kulturpark-online.de

Dahner Sommerspiele
Theatervorstellungen und Konzertveranstaltungen.
Mai–Oktober, www.dahner-felsenland.net

Trachtenfest in Wissembourg
Mit buntem Trachtenumzug und Pferderennen.
Pfingsten, www.ot-wissembourg.fr, www.elsass-netz.de

Volksparkkonzerte in Kaiserslautern
Klassik und moderne Musik im Park; Eintritt frei.
Mitte Mai bis Mitte September, jeden 2. Sonntag, www.kaiserslautern.de

Pfälzer Bacchus auf dem Deutschen Weinlesefest in Neustadt an der Weinstraße.

Juni

Pfälzer Hüttenzauber
Familienfest mit Sport-, Musik- und Showprogramm in rund 25 Hütten des Pfälzerwaldvereins.
1. Sonntag im Juni, www.pfaelzer-huettenzauber.de

NATO-Musikfestival
Marsch- und Drillvorführungen zu Militärmusik im Fritz-Walter-Stadion in Kaiserslautern.
1. Juniwochenende, www.kaiserslautern.de

Pirminius-Radwandertage
Mit Schlabbeflicker-Radmarathon rund um Pirmasens.
In der Woche um Fronleichnam, www.pirmasens.de, www.rsv-pirmasens.de

Landeckfest
Mittelalterspectaculum auf Burg Landeck bei Klingenmünster.
Mitte Juni, www.burglandeck-pfalz.de

Zweibrücker Rosentage
Veranstaltungen im Rosen- und Wildrosengarten von Zweibrücken.
Mitte Juni, www.zweibruecken.de

Felsenland-Sagenwoche
Mit Schatzsuche, geführten Wanderungen und Konzerten in Dahn.
Mitte Juni, www.dahner-felsenland.net

Lange Nacht der Kultur
Late-Night-Programm mit Musik, Film und Tanz an verschiedenen Veranstaltungsorten bis 4 Uhr morgens.
3. Juniwochenende, Kaiserslautern, www.kaiserslautern.de

Ramp'Art Festif
Kunst- und Kulturfestival mit Rock, Blues und Chansons rund um die Festungsmauern von Wissembourg.
Letztes Juniwochenende, www.rampartfestif.fr

Johannisfeuer im Wasgau und den Vogesen
In vielen Orten werden am Abend vor dem Johannistag, zur Sonnwendfeier große Feuer angezündet, so in Eguelshardt oder Bundenthal.
23. Juni, www.suedwestpfalz-touristik.de, www.tourisme68.com, www.tourisme67.com

Juli

Moselle-Festival
Theater, Ausstellungen, Konzerte, Musik und Film im Département Moselle.
Juli–September, www.moselle-festival.fr

Altstadtfest in Kaiserslautern
Buden und Programm auf acht Open-Air-Bühnen.
1. Juliwochenende, www.kaiserslautern.de

Grasbahn-Pferderennen in Zweibrücken
Das wichtigste von vier jährlich stattfindenden Pferderennen auf der Rennwiese.
1. Juliwochenende, www.zweibruecken.de

August

Historisches Burgfest
Altdahn-Grafendahn-Tanstein mit Mittelaltermarkt in Dahn.
www.dahner-felsenland.net

Vita Romana
Zeitreise in die Antike mit Mitmachprogramm im Kulturpark Bliesbruck-Reinheim.
Mitte August,
www.kulturpark-online.de

Schlabbeflickerfest
Stadtfest in der Pirmasenser Fußgängerzone.
www.pirmasens.de

Au Grès du Jazz
Jazzfestival in La Petite Pierre.
Mitte August,
www.ot-paysdelapetitepierre.com

September

Mittelalterfest auf Burg Gräfenstein
In Merzalben.
1. Septemberwochenende,
www.phantasia-historica.de

Barbarossa-Fest »Swinging Lautern«
Salsa, Blues, Jazz und Rock in Innenhöfen, Kirchen und auf Plätzen der Kaiserslauterer Altstadt.
1. Septemberwochenende,
www.kaiserslautern.de

Dürkheimer Wurstmarkt
Das angeblich größte Weinfest der Welt findet seit über 500 Jahren in Bad Dürkheim statt, mit vielen Fahrgeschäften und Buden.
2. und 3. Septemberwochenende,
www.duerkheimer-wurstmarkt.de

Oktober

Kammgarn International Bluesfestival
Im Kammgarn-Kulturzentrum Kaiserslautern.
1. Oktoberwochenende,
www.kammgarn.de

Deutsches Weinlesefest
Auf dem Bahnhofsvorplatz in Neustadt/Weinstraße mit Krönung der Deutschen Weinkönigin und Festumzug.
Ende September/Anfang Oktober,
www.neustadt.eu

Keschdewoche in Hauenstein
Wanderungen und Kastanienmarkt mit regionalen Spezialitäten.
Mitte Oktober, www.hauenstein.de

Halloween-Gruselfeier
Auf der Zitadelle in Bitche.
30. und 31. Oktober,
www.citadelle-bitche.com

November

Kaiserslautern on Ice
Eislaufbahn in der Innenstadt mit beheiztem Bistrozelt.
November–Januar,
www.kaiserslautern.de

Martinus-Weinfest in Sankt Martin
Mit Pferdesegnung und Laternenumzug.
Um den 11. November,
www.sankt-martin.de

Dezember

Weihnachtsmärkte
Auf dem Rathausplatz in Landau, Unteren Schlossplatz in Pirmasens und Schillerplatz in Kaiserslautern. Ein sehr stimmungsvoller Weihnachtsmarkt wird an einem Wochenende im Burghof der Landecker Burg bei Klingenmünster abgehalten.
www.pfalz.de

Wissenswertes von A bis Z

Auf einen Blick

FLÄCHE: Das Biosphärenreservat Pfälzerwald-Nordvogesen umfasst ca. 310 000 ha, also über 3100 km². Der deutsche Teil gilt mit 177 100 ha als größtes zusammenhängendes Waldgebiet Deutschlands.

EINWOHNERZAHL: Zu den größten Städten der insgesamt dünn besiedelten Region zählen Kaiserslautern (97 000 Einw.), Neustadt an der Weinstraße (54 000 Einw.), Landau (43 000 Einw.) und Pirmasens (41 000 Einw.).

GEWÄSSER: Neben zahlreichen Seen und Weihern gehören Speyerbach, Queich, Wieslauter und Schwarzbach zu den wichtigsten Fließgewässern der Region.

HÖCHSTE ERHEBUNG: Am Ostrand des Pfälzerwalds erhebt sich bei Maikammer die Kalmit mit 673 m.

Anreise mit Auto und Flugzeug

Die Autobahnen A 6, A 65 und A 8 führen am Rand des Pfälzerwalds entlang; in die Region gelangt man über die Bundesstraßen B 10, B 37, B 39, B 48 und B 271. Über die Flughäfen in Zweibrücken, Saarbrücken, Straßburg, Frankfurt-Hahn und Frankfurt/Main ist man in maximal zwei Stunden im Pfälzerwald.

Anreise mit Bahn und Bus

Die wichtigsten Bahnhöfe im Fernverkehr sind Mannheim, Karlsruhe, Neustadt/Weinstr., Kaiserslautern und Saarbrücken. Im Regionalverkehr gibt es attraktive Angebote für Einzelreisende und Gruppen, z. B. das Rheinland-Pfalz-Ticket (Infos auf www.der-takt.de), das Ticket 24 (www.vrn.de) oder das Saar-Lor-Lux-Ticket (www.bahn.de/regional). Der französische Bahnbetreiber SNCF bietet günstige Tagestickets für das Elsass und für Lothringen an (www.sncf.fr). Die Busse des Verkehrsverbundes Rhein-Neckar (VRN) fahren auch Ziele an, die mit der Bahn nicht zu erreichen sind (Infos auf www.vrn.de). Die Deutsche Bahn gibt kostenlose Broschüren mit Ausflugstipps im Pfälzerwald heraus, die in den Reisezentren der Bahnhöfe erhältlich sind.

Camping und Reisemobile

Eine Übersicht über Campingplätze und Reisemobilstellplätze erhält man bei der Pfalz-Touristik in Neustadt (www.pfalz-touristik.de). Über Campingplätze auf der französischen Seite informiert das Fremdenverkehrsamt Lothringen (www.crt-lorraine.fr).

Kartenmaterial

Auf Touren im Pfälzerwald sind gute Wanderkarten oft unabdinglich. Kartenmaterial mit den Wegemarkierungen des Pfälzerwaldvereins und anderer Anbieter, Radwegen und Nordic-Walking-Strecken halten die Tourist-Informationen im gesamten Gebiet bereit. Die topographischen Karten des Landesamts für Vermessung und Geobasisinformation enthalten auch Angaben für GPS-Nutzer.

Hütten im Pfälzerwald

Bewirtschaftete Wanderhütten mit gemütlichen Gaststuben, regionaler Küche und einfachen Übernachtungsmöglichkeiten haben Tradition im Pfälzerwald. Sie haben oft nur am Wochenende geöffnet und bieten preiswerte Gerichte an. Infos auf www.suedwestpfalz-touristik.de, www.pwv.de, www.naturfreunde.de.

Nordic Walking

Insgesamt 44 Touren mit je mindestens drei ausgeschilderten Strecken unterschiedlichen Schwierigkeitsgrads bietet der Nordic-Walking-Park Pfälzerwald an. Höhenmeter und Gesamtlänge sind jeweils angegeben; der Streckenverlauf ist durchgängig beschildert. An jedem Startpunkt gibt eine Übersichtskarte Tipps und Infos zur gewählten Tour. Infos bei den Touristikverbänden und auf www.nordic-walking-im-pfaelzerwald.de, www.zentrum-pfaelzerwald.de.

Radfahren und Mountainbiken

Radkarten und Tipps für Tagestouren halten die Touristeninformationen der Regionen bereit. Sehr gut sind die kostenlosen Karten »Radwege in der Südwestpfalz« des Verkehrsvereins Südwestpfalz in Pirmasens (Infos unter Tel. 0 63 31/80 91 26 oder www.suedwestpfalz-touristik.de), die Karte »Radeln im Pamina-Raum« (Tel. 0 72 77/9 70 43, www.vis-a-vis-pamina.eu). Weitere Informationen erhält man im Internet auf www.radwanderland.de, www.mountainbikepark-pfaelzerwald.de.

Touristeninformationen

Regionenübergreifende Informations- und Koordinationsstellen:
Pfalz-Touristik e. V., Martin-Luther-Str. 69, 67433 Neustadt/Weinstraße, Tel. 0 63 21/3 91 60, www.pfalz-touristik.de
Südliche Weinstraße e. V., An der Kreuzmühle 2, 76829 Landau, Tel. 0 63 41/94 04 07, www.suedliche weinstrasse.de
Südwestpfalz-Touristik e. V., Unterer Sommerwaldweg 40–42, 66953 Pirmasens, Tel. 0 63 31/80 91 26, www.suedwestpfalz-touristik.de
Büro für Touristik, Zentrum Pfälzerwald, Pirmasenser Str. 62, 67655 Kaiserslautern, Tel. 06 31/2 01 61 35, www.zentrum-pfaelzerwald.de.

Veranstaltungshinweise

Aktuelle Tipps für Feste, Konzerte und Events in der Region gibt das »Leo-Freizeitmagazin«, das der Tageszeitung Rheinpfalz donnerstags kostenlos beiliegt (Infos auch auf www.leo-online.de).

Wellness

Informationen über das breitgefächerte Wellness-Angebot in der Region Pfälzerwald-Nordvogesen erhält man unter www.wellviness.de. Besonders zu empfehlen sind die Südpfalz-Therme in Bad Bergzabern (→ S. 105) und das Felsenland-Badeparadies in Dahn (→ S. 94).

Pfälzer Spezialitäten

Bettsäächer
Löwenzahn, der als Salat gegessen oder zu Suppe verarbeitet wird.

Choucroute garni
Elsässer Spezialität: Sauerkraut mit Beilagen.

Dotsch
Bratling aus geriebenen Kartoffeln mit Speck und Lauch, auch »Schales« oder »Kartoffelpuffer« genannt.

Fasnachtskiechel
Krapfen, mit und ohne Füllung; wird nicht nur zur Fastnachtszeit gegessen.

Flammkuchen
Hauchdünner Teigfladen, mit Crème fraiche, Speck und Zwiebeln belegt.

Gebreedelde
Bratkartoffeln, auch »Greeschde« (Geröstete) genannt.

Grumbeere
Kartoffeln, Standardbeilage und Hauptzutat vieler Pfälzer Gerichte, z. B. »Grumbeersupp« (Kartoffelsuppe) oder »Grumbeerworscht« (Kartoffelwurst).

Herre un Dame
»Grumbeere« (Kartoffeln) und »Mehlknepp« (Mehlknöpfe) mit Röstzwiebeln, Speck und Sahnesoße; auch als »Verheierde« (Verheiratete) bekannt.

Hooriche
»Hooriche Knepp« (haarige Knöpfe) sind Kartoffelklöße.

Keschde
Esskastanien, gibt's in unzähligen Varianten, z. B. geröstet, gedünstet, gebacken, gekocht, als Kuchenbelag, Wurst- und Bratenfüllung.

Knepp
Klöße oder Knödel; am beliebtesten sind »Hefeknepp« (Dampfnudeln), »Lewwerknepp« (Leberknödel) oder »Flääschknepp « (Fleischklöße).

Latwerg
Mus aus Zwetschgen oder Pflaumen.

Quetsche
Zwetschgen; beliebt ist die süßsalzige Kombination »Grumbeersupp mit Quetschekuche« (Kartoffelsuppe mit Zwetschgenkuchen).

Rostige Ritter
In Milch und Eiern eingeweichte und in der Pfanne gebackene Milchbrötchen; auch als »Arme Ritter«, »Kartäuserklöße« oder »French Toast« bekannt.

Saumagen
Gefüllter Schweinemagen mit magerem Schweinefleisch, Brät, Kartoffeln, Zwiebeln und Majoran. Helmut Kohl ließ die Pfälzer Spezialität bei Staatsbanketten auftischen.

Schmier
Marmelade und andere süße Brotaufstriche.

Weißer Käs
Quark; bei den französischen Nachbarn heißt er »Fromage blanc«.

Orts- und Sachregister

Quickfinder – alle Ausflugstipps auf einen Blick

Tipp	Seite	Ort	Ausflugstipp	Jahreszeit
1	14	Pirmasens	Science-Center Dynamikum	ganzjährig
2	16	Pirmasens	Werksbesichtigung Wawi-Schokowelt	ganzjährig
3	17	Pirmasens/ Pfälzerwald	Wandern im Pfälzerwald	ganzjährig
4	18	Pirmasens/ Pfälzerwald	Konzerte in Burgen und Schlössern	ganzjährig
5	20	Pirmasens/ Pfälzerwald	Baden und Saunieren	ganzjährig
6	22	Hornbach	Besuch von Kloster und Stadt	ganzjährig
7	24	Lemberg/Pfalz	Burgruinen Lemberg und Ruppertstein	ganzjährig
8	26	Walschbronn	Natur- und Gewässerlehrpfad	ganzjährig
9	27	Schweix	Wanderreiten durch die Pfalz	ganzjährig
10	28	Eschviller	Mühlenradweg und -museum	April–Okt.
11	30	Kettrichhof	Wandern durch den Wasgau	ganzjährig
12	32	Eppenbrunn	Wandern zu den Altschlossfelsen	ganzjährig
13	33	Schorbach	Beinhaus und Friedenskalender	ganzjährig
14	34	Bitche	Besichtigung der Zitadelle	ganzjährig
15	36	Bitche-Siersthal	Besichtigung des Simserhofs	März–Nov.
16	37	Pirmasens-Niedersimten	Westwallmuseum	April–Okt.
17	38	Philippsbourg/ Umgebung	Ausflug zum Hanauer Weiher	April–Okt.
18	39	Philippsbourg/ Umgebung	Angeln an Weihern und Seen	ganzjährig
19	40	Niederbronn-les-Bains	Stadt- und Kasinobesuch	ganzjährig
20	42	Saint-Louis-lès-Bitche	Glas- und Holzschuhmanufakturen	ganzjährig
21	44	Baerenthal	Besuch im Feinschmeckerrestaurant	Feb.–Dez.
22	45	La Petite Pierre	Ortsbesuch und Wellnesshotel	ganzjährig
23	46	Lauterecken	Lautertal-Radweg	ganzjährig
24	47	Landstuhl	Stadtbesuch und Burg Nanstein	ganzjährig
25	48	Homburg	Schlossberghöhlen und Römermuseum	ganzjährig

Restaurant	Museum	Wandern, Spazieren	Radeln	Zoo, Tierpark, Reiten	Besichtigung	Theater, Veranstaltung	Wasseraktivitäten	Tipps für Kids	Sport & Fitness	Freizeit-/Activitypark	Shopping	für Regentage
●	●	●	●					●			●	●
●	●							●			●	●
●		●						●	●			
					●	●						●
							●	●	●			●
●	●	●	●		●							●
●	●	●			●							
●		●	●		●			●	●		●	
				●				●	●			
●	●		●		●			●	●			
●		●	●						●			
●		●						●				
	●				●							●
●	●	●			●			●				
	●				●							
●	●				●							
●		●	●				●	●	●			
							●		●			
●		●					●	●	●	●	●	
	●				●			●			●	●
●		●										●
●		●	●		●		●		●			●
	●		●		●			●	●			
●		●			●			●				
●	●	●			●			●				

Quickfinder – alle Ausflugstipps auf einen Blick

Tipp	Seite	Ort	Ausflugstipp	Jahreszeit
26	50	Ramstein	Sickinger Mühlenradweg	ganzjährig
27	51	Waldfischbach-Burgalben	Golfplätze in der Region	März–Nov.
28	52	Zweibrücken	Fasanerie und Wildrosengarten	ganzjährig
29	54	Zweibrücken	Kulinarische Stadtführung	März–Okt.
30	55	Zweibrücken	Shoppen im Outlet-Center	ganzjährig
31	56	Zweibrücken	Eislaufen und Klettern	ganzjährig
32	57	Zweibrücken	Unterwegs in der Luft	ganzjährig
33	58	Bliesgau	Inline- und Radtour zum Römermuseum	März–Okt.
34	59	Rodalben	Wandern zu imposanten Felsen	ganzjährig
35	60	Rodalben	Spielplätze für jede Jahreszeit	ganzjährig
36	62	Kaiserslautern	Fußballstadion und Wildpark	ganzjährig
37	63	Kaiserslautern	Neumühlenpark und Japanischer Garten	April–Okt.
38	64	Kaiserslautern	Strandbad und Ruine Hohenecken	April–Sept.
39	65	Bad Dürkheim	Stadtbesuch und Naturkundemuseum	ganzjährig
40	66	Wachenheim	Wild- und Erlebnispark	April–Okt.
41	67	Freinsheim	Kleinstes Theater Deutschlands	ganzjährig
42	68	Trippstadt	Wanderung auf dem Eisenhüttenweg	ganzjährig
43	70	Johanniskreuz	Haus der Nachhaltigkeit	ganzjährig
44	71	Johanniskreuz	Mountainbikepark	ganzjährig
45	72	Neustadt a. d. Weinstraße	Bummel durch die Weindörfer	ganzjährig
46	74	Neustadt a. d. Weinstraße	Museumszugfahrt	April–Okt.
47	75	Neustadt-Hambach	Hambacher Schloss	ganzjährig
48	76	Burrweiler	Wanderung auf den Annaberg	ganzjährig
49	77	Haßloch	Freizeitpark Holidaypark	Mai–Okt.
50	78	Rhodt unter Rietburg	Schlossbesichtigung und Sesselliftfahrt	April–Okt.
51	80	Merzalben	Radausflug nach Frankreich	ganzjährig
52	81	Hermersbergerhof	Wanderung und Winterspaß	ganzj./Winte

Restaurant	Museum	Wandern, Spazieren	Radeln	Zoo, Tierpark, Reiten	Besichtigung	Theater, Veranstaltung	Wasseraktivitäten	Tipps für Kids	Sport & Fitness	Freizeit-/Activitypark	Shopping	für Regentage
x		x	x		x			x	x			
x									x			
x		x			x			x	x		x	
x		x			x			x				
x								x			x	x
								x	x	x		x
x						x			x			
	x		x		x			x	x			
x		x							x			
								x		x		x
x	x	x		x	x			x		x		
x		x			x			x		x		
x		x			x		x	x	x			
x	x				x	x	x	x				
x		x		x	x			x		x		
x		x			x	x						x
x	x	x			x				x			
x								x	x	x		x
			x						x	x		
x		x			x						x	
x		x			x			x	x			
x	x				x			x				x
x		x			x						x	
		x						x		x		
x	x	x			x				x			x
x			x		x			x	x			
x		x			x			x	x			

Quickfinder – alle Ausflugstipps auf einen Blick

Tipp	Seite	Ort	Ausflugstipp	Jahreszeit
53	82	Hinterweidenthal	Wanderung zum Teufelstisch	nicht im Winter
54	83	Hinterweidenthal	Jagen im Pfälzerwald	ganzjährig
55	84	Hauenstein	Schuhmuseum und Schuhmeile	ganzjährig
56	86	Hauenstein	Wandern auf dem Schusterpfad	Mai–Sept.
57	87	Leinsweiler	Slevogthof und Burgenwanderung	März–Nov.
58	88	Annweiler am Trifels	Burg Trifels und Altstadt	ganzjährig
59	90	Landau in der Pfalz	Stadtrundgang	ganzjährig
60	91	Landau in der Pfalz	Zoo und Reptilienhaus	ganzjährig
61	92	Landau-Bornheim	Draisinentour	März–Okt.
62	93	Kandel	Klettern im Waldkletterpark	April–Okt.
63	94	Dahn	Wanderung auf dem Felsenpfad	ganzjährig
64	95	Dahn	Besichtigung der Dahner Burgen	ganzjährig
65	96	Silz	Ausflug in den Wild- und Wanderpark	ganzjährig
66	97	Vorderweidenthal	Wanderung zur Burgruine	ganzjährig
67	98	Klingenmünster	Burg Landeck und Ortsrundgang	ganzjährig
68	99	Ludwigswinkel	Tour durch den südlichen Wasgau	ganzjährig
69	100	Ludwigswinkel	Barfußpfad und Skulpturenweg	ganzjährig
70	101	Nothweiler	Schaubergwerk und Technikmuseum	April–Okt.
71	102	Fischbach bei Dahn	Baumwipfelpfad und Biosphärenhaus	ganzjährig
72	104	Erlenbach	Burgführung auf Burg Berwartstein	ganzjährig
73	105	Bad Bergzabern	Thermalbad und Stadtrundgang	ganzjährig
74	106	Schönau	Wanderung von Burg zu Burg	ganzjährig
75	108	Wissembourg	Bummel durch die Altstadt	ganzjährig
76	110	Wissembourg	Besichtigung eines Artilleriewerks	ganzjährig
77	111	Lembach	Besichtigung des Artilleriewerks	ganzjährig

MARCO POLO

MAILAND LOMBARDEI

Reiseführer mit Insider-Tips

Sechs Symbole sollen Ihnen die Orientierung in diesem Führer erleichtern:

★

für Marco Polo Tips – die besten in jeder Kategorie

für alle Objekte, bei denen Sie auch eine schöne Aussicht haben

für Plätze, wo Sie bestimmt viele Einheimische treffen

für Treffpunkte für junge Leute

(A1)
Koordinaten für die Übersichtskarte
(O) *außerhalb des Kartenbereichs*

Die Marco Polo Route verbindet die schönsten Punkte der Lombardei zu einer Idealtour

Diesen Führer schrieb Roland Mischke. Von einem Zweitwohnsitz am Luganer See erkundet der Journalist die Lombardei. Die Marco Polo Reihe wird herausgegeben von Ferdinand Ranft.

MAIRS GEOGRAPHISCHER VERLAG

MARCO POLO

Für Ihre nächste Reise gibt es folgende Titel dieser Reihe:

Ägypten • Algarve • Allgäu • Amrum/Föhr • Amsterdam • Andalusien • Antarktis • Argentinien/Buenos Aires • Athen • Australien • Bali/Java • Baltikum • Bangkok • Barcelona • Bayerischer Wald • Berlin • Berner Oberland • Bodensee • Bornholm • Brasilien/Rio • Bretagne • Brüssel • Budapest • Bulgarien • Burgenland • Burgund • Capri • Chiemgau/Berchtesgaden • China • Costa Brava • Costa Rica • Côte d'Azur • Dänemark • Deutschland Ost • Dominik. Republik • Dresden • Düsseldorf • Eifel • Elba • Elsaß • England • Erzgebirge/Vogtland • Euro Disney • Feuerland/Patagonien • Finnland • Flandern • Florenz • Florida • Franken • Frankfurt • Frankreich • Frz. Atlantikküste • Fuerteventura • Galicien/Nordwest-Spanien • Gardasee • Gran Canaria • Griechenland • Griech. Inseln/Ägäis • Hamburg • Harz • Hawaii • Heidelberg • Holland • Hongkong • Ibiza/Formentera • Indien • Ionische Inseln • Irland • Ischia • Island • Israel • Istanbul • Italien • Italien Nord • Italien Süd • Ital. Adria • Ital. Riviera • Japan • Jemen • Jerusalem • Kalifornien • Kanada • Karibik: Große Antillen • Karibik: Kleine Antillen • Kärnten • Kenia • Köln • Kopenhagen • Korsika • Kreta • Krim/Schwarzmeerküste • Kuba • Lanzarote • La Palma • Leipzig • Libanon • Lissabon • Loire-Tal • London • Luxemburg • Madeira • Madrid • Mailand/Lombardei • Malediven • Mallorca • Malta • Mark Brandenburg • Marokko • Mauritius • Mecklenburger Seenplatte • Mexiko • Mosel • Moskau • München • Nepal • Neuseeland • New York • Normandie • Norwegen • Oberbayern • Oberital. Seen • Oberschwaben • Österreich • Ostfr. Inseln • Ostseeküste: Mecklbg.-Vorp. • Ostseeküste: Schlesw.-Holst. • Paris • Peking • Peloponnes • Polen • Portugal • Potsdam • Prag • Provence • Rhodos • Rom • Rügen • Rumänien • Rußland • Salzburg/Salzkammergut • San Francisco • Sardinien • Schottland • Schwarzwald • Schweden • Schweiz • Seychellen • Singapur • Sizilien • Spanien • Spreewald/Lausitz • Sri Lanka • Steiermark • St. Petersburg • Südafrika • Südamerika • Südengland • Südsee • Südtirol • Sylt • Syrien • Taiwan • Teneriffa • Tessin • Thailand • Thüringen • Tirol • Tokio • Toskana • Tschechische Rep./Slowakische Rep. • Tunesien • Türkei • Türk. Mittelmeerküste • Umbrien • Ungarn • USA • USA: Neuengland • USA Ost • USA Südstaaten • USA West • Usedom • Venedig • Vietnam • Wartburg/Eisenach und Umgebung • Weimar • Wien • Zürich • Zypern • Die 30 tollsten Ziele in Europa •

Die Marco Polo Redaktion freut sich, wenn Sie ihr schreiben:
Marco Polo Redaktion, Mairs Geographischer Verlag
Postfach 31 51, D-73751 Ostfildern

Unsere Autoren haben nach bestem Wissen recherchiert. Trotzdem schleichen sich manchmal Fehler ein, für die der Verlag keine Haftung übernehmen kann.

Titelbild: Mailand/Dom (Schapowalow/Heaton)

Fotos: Anzenberger/Lehmann (24); FBV/Hartmann (13); Hartmann (53, 75, 76, 82); Janfot (7); Lade/Bav (54), Lade/Flac (4); Mauritius/Mehlig (16); Messina (35, 38, 44, 81, 88); Pasdzior (Umschlagklappe vorn); Santor (28, 30, 47); Schapowalow/Thiele (22, 61); Schuster/Overseas (69); Sperber (10, 19, 62); Thomas (41, 96); Transglobe/Elsen (56)

1. Auflage 1995 © Mairs Geographischer Verlag, Ostfildern/Hachette, Paris
Lektorat: Nikolai Michaelis
Gestaltung: Thienhaus/Wippermann (Büro Hamburg)
Kartographie: Mairs Geographischer Verlag, Istituto Geografico De Agostini

Printed in Germany

Gedruckt auf 100% chlorfrei gebleichtem Papier

Restaurant	Museum	Wandern, Spazieren	Radeln	Zoo, Tierpark, Reiten	Besichtigung	Theater, Veranstaltung	Wasseraktivitäten	Tipps für Kids	Sport & Fitness	Freizeit-/Activitypark	Shopping	für Regentage
●		●			●			●		●		
		●		●								
●	●	●			●			●			●	●
		●			●		●	●	●			
●	●	●			●				●			
	●	●			●	●						●
●		●			●						●	
		●		●				●		●		●
●			●					●	●			
●								●	●	●		
●		●			●		●		●			
●		●			●	●		●				
●		●		●				●		●		
●		●			●				●			
●	●	●			●						●	
●			●		●			●	●			
●		●						●		●		
●	●	●			●			●				
●	●	●	●					●				●
●		●			●		●	●				●
		●			●		●		●			●
●		●			●			●				
●		●			●						●	
●					●			●				●
●		●			●							●

Liebe Leserinnen und Leser,
vielen Dank, dass Sie sich für einen Titel aus unserer Reihe MERIAN aktiv entschieden haben. Wir freuen uns, Ihre Meinung zu diesem Freizeitführer zu erfahren. Bitte schreiben Sie uns an merian-aktiv@travel-house-media.de, wenn Sie Berichtigungen und Ergänzungen haben – und natürlich auch, wenn Ihnen etwas ganz besonders gefällt.
Alle Angaben in diesem Freizeitführer sind gewissenhaft geprüft. Preise, Öffnungszeiten usw. können sich aber schnell ändern. Für eventuelle Fehler übernimmt der Verlag keine Haftung.

1. Auflage

BEI INTERESSE AN DIGITALEN DATEN AUS DER MERIAN-KARTOGRAPHIE:
iPUBLISH GmbH, Abt. Cartography
merianmapbase@ipublish.de
www.merianmapbase.de

TRAVEL HOUSE MEDIA
Postfach 86 03 66
81630 München
merian-aktiv@travel-house-media.de
www.merian.de

Mix
Produktgruppe aus vorbildlich bewirtschafteten Wäldern, kontrollierten Herkünften und Recyclingholz oder -fasern
FSC
www.fsc.org Zert.-Nr. SGS-COC-004980
© 1996 Forest Stewardship Council

PROGRAMMLEITUNG
Dr. Stefan Rieß
KONZEPT UND IDEE
Verónica Reisenegger, Ingra Halder, Andreas Hugle
REDAKTION
Ingra Halder
LEKTORAT
Claudia Weber
SATZ
Mustafa Kücükballi
REIHENGESTALTUNG
bookwise medienproduktion GmbH, München
KARTEN
MERIAN-Kartographie
DRUCK UND BINDUNG
Polygraf Print, Slowakei
GEDRUCKT AUF
Eurobulk Papier von der Papier Union

TRAVEL HOUSE MEDIA
Ein Unternehmen der
GANSKE VERLAGSGRUPPE

BILDNACHWEIS

Titelbilder: IMAGO (l.); Waldhaeusl (m.); J. A. Moreno/AGE/F1online (r.);
1. FC Kaiserslautern 62; A. E. Arnold/pixelio.de 13; A. Heiler/pixelio.de 93; A. Grosskrueger/fotolia 47; A. Bech 28, 32, 33, 34, 61, 70, 82, 96, 97; Archiv Südliche Weinstraße e. V. 19, 76, 87, 89, 90, 105; Archiv Westwallmuseum/F. Kuntz 37; arnowssr/fotolia 91; Arnsbourg 44; Bildagentur Geduldig 99; Bildagentur Geduldig/Wittek 31; Biosphoto/BIOS/Bringard Denis 40; Caplio R3 User/pixelio.de 7; Deutsches Schuhmuseum/W. Schächter 85; DGEG Eisenbahnmusem Neustadt/C. Schädler 74; Dynamikum Science Center Pirmasens/A. Klein 12/3, 14, 15; Grenzlandranch Schweix 27; Gudrun/Bildagentur Huber 79; H. & D. Zielske/LOOK-foto 73; H. Wohner/LOOK-foto/fotofinder 12/1; Hotel Kloster Hornbach 23; IMAGO 11, 55, 57, 66, 81, 108, 112/2, 112/3; J. Noll 86; J. Dancette/Fotolia 56; K.Hoffmann 6/1, 6/2; klick61/fotolia 58; K. Michel/pixelio.de 64; K. Faul/www.webagentur-pfalz.de 101; lofik/fotolia 83; M. Baumgaertner/vario images 80; M. Hanke/F1online 8; McPHOTO/vario images 92; O. Durst/Fotolia 69; PBY/F1online 71; P. Widmann/fotofinder 17, 46; picture-alliance/dpa 113; R. Sturm/pixelio.de 51; R. Schädler 6/3, 114; R. Kratz 94; Schapowalow/Huber 50; Schapowalow/SIME 45; S. Crisp/Fotolia 75; Südwestpfalz Touristik/M. Kuntz 59, 100, 103, 104, 106; sumnersgraphicsinc/fotolia 16; T. Brands/fotolia 38; T. Krueger/Das Fotoarchiv/fotofinder 63; U. Grabowsky/photothek.net 29; U. Hampel, Ludwigshafen 67; Bilder-Box.com, E. Wodicka 21; Zadra-Gruppe 52, 53; Zarathustra/fotolia 42; alle anderen Bilder: Presse und aus dem MERIAN Archiv.